自然治癒力が病気を治す

監修
松本光平
Matsumoto Kohei

たま出版

自然治癒力が病気を治す

目　次

◉

◉

★巻頭対談★

松本光平氏　浄波良法主宰

帯津良一氏　帯津三敬病院名誉院長

帯津良一氏

医学博士。帯津三敬病院名誉院長。日本ホリスティック医学協会会長。日本ホメオパシー医学会理事長。

１９３６年、埼玉県生まれ。東京大学医学部卒。東大病院第三外科医局長、都立駒込病院外科医長などを経て、１９８２年、埼玉県川越市に帯津三敬病院を設立。西洋医学に東洋医学や代替療法を取り入れたホリスティック医学の確立をめざし、ガンの治療等を行っている。著書多数。

医療には「治し」と「癒やし」の2つがある

松本　本日は、たいへんご多忙のところ、ありがとうございます。帯津先生にはぜひ一度お話をお伺いしたいと常々思っておりましたので、今日は念願が叶っていささか感激しております。

帯津　いやいや、こちらこそよろしくお願いいたします。松本先生は、代替医療で非常にユニークな療法を実践していらっしゃるので、今日の対談は私も楽しみです。

松本　おそれいります。さっそくですが、帯津先生のところでは、単に西洋医学だけでなく、東洋医学や代替療法など、いろいろなものを取り入れながらやっておられますね。

松本光平氏

帯津　ええ。私の最終的なねらいは、ホリスティック医学なんですよ。それを実現するためにこの病院をつくったんです。もう28年前になりますね。

松本　それは、西洋医学、東洋医学、代替医療など、すべてをホリスティックに包括した医療、という意味ですね。

帯津　そうです。でも、残念ながら、現実にはまだ手にしていないんです。これだ！　という自分のスタイルというものがまだ手にできないんで、最近では、これは一生無理かなという気がしているんですよ。

先般、作家の田口ランディさんと対談したのですが、そのとき、彼女は、「ホリスティック医学はひとつじゃありませんよ」って言うんですね。私が「自分のスタイル」と言ったので、彼女がそれに対して自分の考えを述べたんですが、要するに、「ホリスティック医学というのは形じゃありません

よ」ということなんです。もう少し修飾して言うと、「患者さんを中心に、家族や友人や医療者がつくる〝場〟の中で、それぞれが生と死の物語を展開していけばいいんです」と…。確かにそうなんですよ。医療者も患者さんも全く区別なく、みんなが集まった〝場〟で、それぞれが生と死の物語を展開していって、「最後、死ぬ前に人間の生と死を統合すればいい」と、彼女は言いたかったんだと思います。

もしそうだとすると、たとえ自分のスタイルが得られなくても、まあ、理想を求めていってバーンと死ねばいいかな、と、私は思っています。

松本　代替医療を実践している一人として、私も先生の理想へのチャレンジをいつも畏敬の念を持って拝見しているのですが、具体的に、いまはどういった代替医療を取り入れていらっしゃるんですか？

帯津　まず、西洋医学については、一応この病院の規模でできることはすべてやります。だけど、たとえば放射線の治療装置なんかは、ここの99ベッドじゃとてもやっていけないですから、こういうのは大学病院に頼んだりするわけです。ガンの三大治療と言われるのは、手術、抗ガン剤、放射線治療ですが、そのうち、放射線を除いて、できることは全部やります。

それから、代替療法としては、まず心理療法。たとえば、カール・サイモントン（O. CARL SIMONTON, M. D.）とか、それから、筑波大学の宗像恒次教授のＳＡＴ《サット》とか、イメージ療法にはいろいろ独特なものがあるんですけれど、こういうのはオーソドックスな医学にはまだ入れないと思うんですよね。だから、これも代替療法といえるかと思います。

それから、そういった心理療法から派生したものに、アロ

マテラピーとか音楽療法とか、そういうものがありますよね。
あとは、食事療法。うちで食事指導してくれているのは『粗食のすすめ』というベストセラーの著者、幕内秀夫さんです。例の、和食の粗食ですね。これを、病院食としてはあまり奇抜なこともできないから、できるだけ個人指導におまかせして、幕内さんに個人指導してもらっています。
そして気功です。ここの病院には道場があって、だいたい13種類の功法を26単位、それを1週間でやっています。1週間に26というと、日曜が休みですから、6日間で26。1日4単位強になるわけですね。それを、うちの職員が1人ずつ責任者として張りついて、患者さんはめいめい好きなところに参加する。1人で何カ所も出てくるわけですよ。入院する人は気功をやりたくて来るものですから、みなさん、貪欲にいろんなところに出ていますね。そして、何か身につけて帰っ

てくる。

そのほかの代替療法としては、中国医学ですね。漢方薬、それから鍼・灸。あと、ホメオパシーが割に大きな存在なんですよ。ほかには、サプリメントとか、丸山ワクチンとか、それとビタミンC大量療法、リンパ球療法、樹状細胞の細胞免疫とか…。でも、こういうのは人手が足りない。専任にやる人がいないとむずかしいのと、それと、なんといってもお金がかかる。患者さんが音《ね》を上げてるものね。うちはお金がかかるものは嫌いで（笑）、なるべく患者さんにストレスを与えないほうがいいから、こういうのは、患者さんが希望した場合だけ、しかるべき施設を紹介するということにしています。

松本　おっしゃるとおり、経済的な事情も含めて、患者さんもすべて試すというわけにはいきませんよね。

帯津　ええ。だから、うちでは、ひとりひとり戦略をつくるんです。この病院は、患者さんの病棟がすべて個室なんですよ。大部屋だと、隣の人に聞き耳を立てられると、やっぱりお互いによくないですものね。個室だから、回診時の8時10分頃、毎日誰かのところに行っているんです。で、〝戦略会議〟というのをやります。2人で話し合いながら、ガンとどう闘ってゆくか、その人に合った戦略を決める。そして、戦略が決まったらもう後ろは振り返らない。しっかりやるんです。それぞれ個性的な戦略を立てるわけですよ。

松本　〝戦略会議〟というのは、たいへんユニークな表現ですね。もう少し具体的にお聞かせいただけますか?

帯津　たとえば、中国の戦国時代の話でいえば、あれは秦という強大な国がひとつあって、あとは6カ国くらいあるんですよね。その6カ国は、いつも秦の脅威にさらされている。

そこで、合従《がっしょう》といって、縦につながって秦に対抗したり、あるときは秦と1国ずつの国が、連衡《れんこう》といって、横につながったりする。実にいろんな策略を弄《ろう》して戦国時代を生き抜いていくでしょう。ああいうふうにやるわけです。ガン治療といっても、ただやればいいというものではなくて、メリハリのついた戦略を行使しないといけません。

だから、桶狭間の戦いみたいに、織田信長が今川の陣地を強襲するでしょ。ああいうことも治療の中で大事だし、また、絶対ここは耐えるんだと腹を据えて、何も行動を起こさないってのも大事ですしね。そういうのを、2人で決めてやっていくんです。

うちの場合、何度もガンが再発した、いわゆる末期の人も入院していただいています。臓器にもバラエティがあれば、進行度にもバラエティがある。だから、やっぱりひとりひと

り、そういう〝戦略会議〟を開かないといけない。マニュアル化できないんですね。そこで戦略をしっかりと、患者さんと医者が手を取り合って、二人三脚というか、あるいはマラソンの伴走者というか、そういうかたちでやっていくわけです。

松本　結局、ひとりひとりに合わせたガン治療を実践するためには、西洋医学だけではカバーできない。だからホリスティックにやらないといけないし、そのためには、水面下でその態勢を統合的に備えておかなければいけないということですね。

帯津　おっしゃる通りです。たとえば、患者さんを見るさいに、今の西洋医学の医療では、どうしても患者さんを〝壊れた機械〟として見るわけです。自分は修理工だと…。そうじゃなくて、体と心といのちの統合体として患者さんを見る。

体と心といのちの統合体として見ると、相手を敬う気持ちが自然に出てきますよ。患者さんを敬う。向こうも我々を敬う。お互いに、相手を体と心といのちの統合体として見る。敬うことによって、温もりのある医療ができるんですね。

医療には、基本的に「治し」と「癒やし」があると私は考えています。手術みたいなのは「治し」、これは機械の修理と同じですね。そして、「癒やし」は、生命のエネルギーを高めるものです。松本先生がやっていらっしゃるような方法ですね。両者は、お互いにやりかたが違うから、これを統合していく。

それから、「要素還元論」といって、これは西洋医学のやり方ですが、要素に分解してひとつひとつをきちっと見て、それをまたボトム・アップ型に積み上げていく。科学的にものを見ていくためには、西洋医学のそういう態度も、これは

やっぱり、すぐれた態度なんですね。だから、これも退けるのではなく、さりとて、それにこだわるのではなく、「全体論」、すなわち「ホーリズム」と言いますが、常に全体を見るという視点を忘れないことが大切だと考えています。

松本　手術は「治し」で、生命エネルギーを高めるのが「癒やし」だというお言葉は、まさに言い得て妙《みょう》ですね。先生がおっしゃる通り、私が実践している「浄波良法」は、まさに生命エネルギーを高めて自然治癒力を高めることがねらいなんですが、科学的な裏づけがないために、西洋医学の現場ではなかなか受け入れられないのが現状です。

帯津　西洋医学では、根拠がないことを「エヴィデンス（Evidence）がない」と表現するんですが、西洋医学は代替療法に対してすぐそう言うんですよ。「エヴィデンスが乏しいんじゃないか」と。

でも、代替療法のほとんどは心やいのちに働きかけるもので、心やいのちは現代科学ではまだ解明されていないから、乏しいのはしようがないんですね。心やいのちに働きかける方法が、「エヴィデンス（Evidence）」として成立するわけにはいかないんだと——。こういうのは、直感を用いればいいんですよ。その直感とエヴィデンス（Evidence）を統合するとか、とにかくいろいろと水面下でやっていくことです。

なかでも一番大事なのが、患者さんと医者が統合されること。つまり、一体にならなければいけない。これは、今の日本の医療だけの問題じゃありません。世界共通の問題ですけど、まだまだそこまで行かないですよね。だから私は、それをねらってやっているわけです。

いつも患者さんに「希望」を持ってもらう

帯津　ところで、今度は私からお伺いしたいのですが、松本先生は曹洞宗のお寺のお生まれで、普通ならご住職になられていたはずが、そうならずにこの世界に入られた。そのきっかけはなんだったのですか？

松本　そうですね。一番の理由は、母が身体の具合が悪かったものですから、どうにかして母親を治したいと思ったのがきっかけです。それで、永平寺の別院というところで2年間修行した後、東洋医学の学校へ行ったんです。

帯津　おかあさんの病名は？

松本　胃潰瘍です。14回も胃潰瘍になりまして、最後は薬が

効かない状態になってきて、それを見るにつけ家族として非常につらかったものですから。

帯津　なるほど。何年ごろですか?

松本　20年ほど前ですね。

帯津　そうですか。昔、私が外科医になりたての頃は、胃潰瘍をすぐ切ったりして、手術をしました。でも、良い薬がだんだんできてきて、最近では胃潰瘍を手術する病院はなくなりましたね。患者さんの身体があんまり薬に抵抗するときには手術せざるを得ないということもあると思うんですけれども、ほとんど今は手術をしません。

お母さまがその胃潰瘍で苦労されたとすれば、やっぱり薬に対して身体の抵抗性があったのかもしれません。あるいは、生きていくうえで何らかのストレスがあったとも考えられますね。

松本　ええ。それで、まず東洋医学の学校、これは主に気功・整体の学校なんですが、あとヘクセンシュス神経専門大学校といって、これはぎっくり腰を瞬間で治す学校、そして最後にMRTという学校に行きました。全部で3つ行ったんですけれども、自分の求めるものが、ガンだとか、あと、薬の効かないときに癒やせる療法だったものですから、なかなかそれが得られなくて、いったんは諦めたんです。そして、実家の寺に帰って跡を継ぎました。

帯津　じゃ、やっぱり気功とかもやられていたわけですね。

松本　ただ、私の場合、外気功をやると雑念が入ってしまいまして、ヘンなものまで相手に伝わってしまう。そこで、試行錯誤した結果、あるとき「あ、そうか。瞬間にできればいいんだ」ということに気がついたんです。瞬間だったら、「無」になれると思ったんですね。

それに、気功をやるさいに、私の意識だと「自分が治してやる」という傲慢さがあったものですから、「これじゃあちょっと違うな」と思って…。いろいろ反省しながらやったなかで、瞬間にスイッチを入れれば、般若心経でいう空《くう》になれるんじゃないかと思ったわけです。

帯津 なるほど。

松本 で、そのスイッチを入れる場所、つまり自然治癒力を高める〝司令塔〟的な場所はどこなんだろうと考えているうちに、仙骨というところにたどり着きました。先生もご存じのように、仙骨というのは英語では「セイクラム（sacrum）」と言って、神聖な骨とされている場所です。日本語でも、「仙人の骨」と書くくらいですからね。ここは、少し動かすだけで身体の上も下も全部連動しますので、ここに共鳴すればいいなと考えたわけです。

帯津　ほう。エネルギーを脊髄腔に入れるというわけじゃないんですか。仙骨をねらって、エネルギーを直結する？

松本　ええ。仙骨に周波数を合わせればいいということで、考えついたのが現在の「浄波良法」です。つまり、瞬間的に仙骨を調整して、宇宙に充ちているエネルギーを受け入れやすい状態にします。そうすると、そこへ宇宙エネルギー、私はこれを「宇宙円光エネルギー」と呼んでいますが、そのエネルギーが降りてきて、その結果、自然治癒力が高まっていくわけです。

帯津　まさに、西洋医学では説明のつかない世界ですね。

松本　ええ。そこで私は、その写真を撮ろうと思ったわけです。私にはわかっていても、信じられない人には信じられない。でも、論より証拠で、写真で見れば信じざるを得ないだろうと思ったわけです。

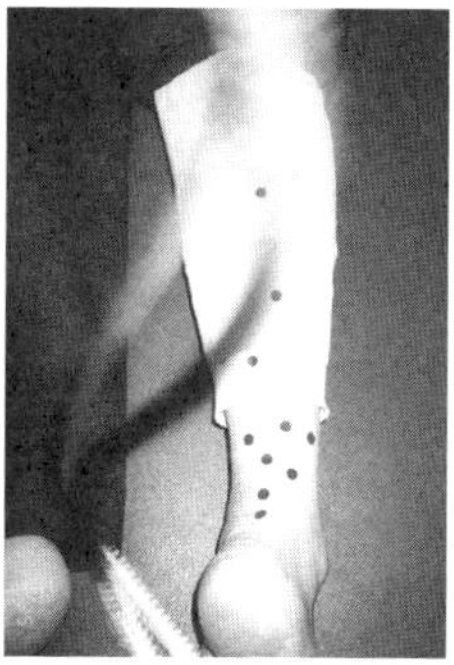

施術前

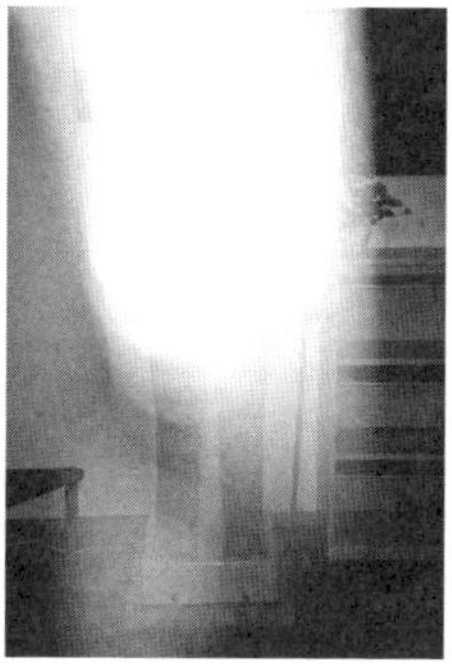

施術中

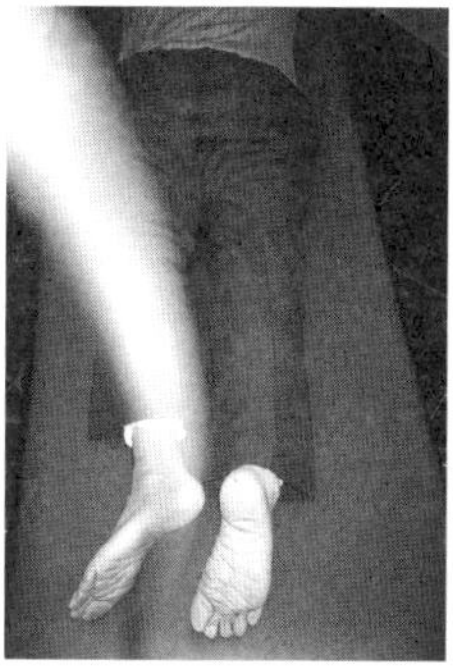

施術後

そうして撮った写真が、これです。このように、エネルギーを仙骨に入れました。

帯津　あ、これ、ご著書に載っていましたね。わかります。

松本　施術前は、やはり環境が悪いので、細胞が固まっていて動きません。会社で言えば、環境が悪いと社員が働かないのと同じですね。ですから、環境をよくすれば、固まっている細胞は動くのではないかと思ったわけです。

帯津　この丸い点は？

松本　圧痛点です。痛い箇所ですね。

帯津　印をしたわけですね。

松本　はい、痛い箇所が施術後にどう変化するかを体感していただいたんです。――そして、これが施術後になります。施術前、施術中、施術後というふうに写真を撮りました。

帯津　じつは、私もこの対談の前に松本先生に施術をやって

いただいたんですけれど、常とは違った、とても不思議な体験をしました。

松本　と言いますと？

帯津　施術後、松本先生が部屋を出ていかれている間の5分間、身体がふわっと浮いたような感じで、空中遊泳さえできるんじゃないかと感じたんですよ（笑）。ほとんど相手に手を触れずに行なって、そのあとその場から離れるという方法は、とても興味深く、新しいですね。

松本　私が行なっているのは、ご本人の〝場〟を浄めることだけで、それ以外、何もしません。私は医師ではありませんし、私の役目はお医者さんとは違う分野です。ですから、いつも「私は病気を治せません。治すのはご本人の自然治癒力です。そのお手伝いをさせていただきます」と言っています。

施術自体も、時間にしてわずか30秒ほどで、あとは5分間、その場を離れます。その離れている間に、ご本人の中で自然治癒力が高まり、結果として痛みが消えていきますから、いってみれば、痛みを消すための直接的なことはなにもやっていない、ということになりますね。

帯津　施術者がほとんど関与しない、つまり本人の力のみ発揮される療法だということですね。手も触れず、手かざしなどもせずに痛みが消えるということは、患者さんにとっても安心感と希望につながるでしょう。

松本　ありがとうございます。圧痛点の痛みに関しましては、施術後、痛みが何十カ所も消えるんですね。この良法は、押した痛みが消えるということが目的じゃないんですけれども、押して痛みがあるということは、体のどこかの部分があまりいい方向に向かってないということだと思うんです。なのに、大した痛みじゃないからと放っておくと、塵も積もれば山となって、自然治癒力の低下を招きます。
本来、身体は治り方や治し方を知っていますので、体の中から見れば自然治癒力の働きを妨げる原因をなんとかしたいわけです。それと、人間をつくったのは神様だと思いますので、神様は人間が困るようにはつくってはいないはずです。生まれながらに自然治癒力を持たせてくれているわけですから、この自然治癒力を働かせるためには、この蓄積を消せばいいんだと思ったわけです。

帯津　なるほど。

松本　では、どうやったら蓄積を消せるかというと、人体の中心である仙骨にスイッチを入れて本来の働きを最大限蘇らせることによって、体を良い方向に向かわせればいいわけですね。そして、押した痛みが消えれば良い方向だということがわかりますし、バランスが調整されたということがわかり

ます。

　それと、何よりも患者さんが、「あ、これがずっと続けば何かが起こる」という希望を持つことが大切だと考えています。

帯津　そう、希望が大切ですね。希望がない医療というのは、なきに等しいと言えるかもしれません。ところが、現実には、今の医療は、患者の希望を奪い取ることばっかりやるんですよ。「あと何カ月の命です」とか、「もう効く方法はございません。緩和ケアへどうぞ」とかね。

　今おっしゃったように、やっぱり、人間みんないろんな希望を持って生きている、希望がひとつもなかったら生きていられないと思うんですね。患者さんの場合も、必ずいくつかの希望を目の前に置いて、それで治っていくわけですよね。それは大事なことだと思います。

松本　そういう点では、浄波良法で良い方向に変わっていくことによって、これまで多くの患者さんに希望をもたらしたと思っています。

浄波良法のすばらしいところは、外からエネルギーを与えるのではなく、本人の中にあるものを引き出していくことですから、自分の力で自己調整できるんですね。ですから、人やモノに頼ることなく自立していき、強くなっていくんです。

それともうひとつ、浄波良法で自然治癒力が引き出されると、病院で処方される薬の効きもよくなるんですね。かつて、土佐清水病院でガン治療のお手伝いをさせていただいていたとき、やはり薬の効きがよくなりました。末期ガンの人ばかりを施術していたものですから、患者さんにとっては、つらい痛みが消えるのも嬉しいし、薬が効くのはありがたいというお言葉を何度もいただきました。

私は常々、お医者さんが中心となって、つまり、お医者さんには仏教で言う「導師」になっていただいて、まず方向性を示していただき、代替療法が多くの選択の中のひとつとしてそれを支えていく、というかたちが理想的だと思っています。浄波良法も、あくまで多くの選択肢の中のひとつとして役立てていただく。決してこれがすべてだと思っているわけではありません。ほかに良い方法があれば、どんどんそれを取り入れていただく、そんな姿勢が大切だと思っています。

帯津　そうですね。我々もいろんな治療をやるんだけれども、これでやらなきゃならないということはないんですね。たとえば、ホメオパシーで行こうと決めても、「いや、これは漢方のほうがきっといいぞ」と思いなおせば漢方へ移る。そういう柔軟性を持って、患者さんと話をする、それが大事だと思っています。

松本　同感です。私は、浄波良法というひとつの代替療法を開発しましたが、これからもいろいろな人と協力して病気改善のお手伝いをさせていただきたいと思っています。

身体の内・外の〝場〟のエネルギーを高める

帯津　今、お話を聞いていていて思い出したんですけど、高塚《たかつか》光《ひかる》さんという人がいたんですよ。サラリーマンで、超能力の人。

松本　ええ。私もよく存じ上げています。手を使って治療される方ですね。

帯津　その人がうちの病院に来ましてね。彼の場合も、松本先生と同じで、きっかけはおかあさんを救おうとしたことで

した。おかあさんが、いまにも死にそうだったんですね。どこかのＩＣＵに入っていて――。で、それを何とかしよう、自分の力で何とかしようと思ったら、ああいう能力が出てきたんだそうです。ほんとに、一瞬というか、ひと晩にしてできるようになったということでした。
その彼が、うちの病院に来て施術したんですが、不整脈の人なんか、ちょっと診ただけで治っちゃうんです。心電図を着けてやってもらいましたから、間違いありません。
ところが、彼は、能力者をやめる、普通の人間に戻ると、テレビでそれを宣言したんです。そのテレビ収録を、うちの道場でやったんですね。
そのときに、不思議なことがありましてね。高塚さんが、「こんなことはどうでもいいんだけど」って言いながら、スプーンをくるくるっと曲げちゃうんです。高塚さんの講演だ

というので、うちの入院患者さんも外来患者さんも100人くらい来てましてね。みんな好きなんですよ（笑）。そのときに、高塚さんが「みなさんも曲がりますよ」と、20人くらいにスプーンを持たせて、「私と同じようにやってください」って言った。すると、みんな曲がっちゃうんですよ、初めての人でも。それだけならいいんだけど、高塚さんがその日帰ったあと、次の日に私が病棟回診をしたら、入院患者さんがみんなスプーンを曲げて、ニヤニヤしながら枕元に置いてあるわけです（笑）。

ところが、1週間くらい経ったら曲がらなくなっちゃった。誰も曲がらない。きっと、高塚さんのパワーがあるうちは誰がやってもよかったんでしょうね。それが1週間でなくなっちゃったんですね。そういうことがあったのを、今、思い出しました。

松本　きっと、高塚さんの場合は、彼のパワーによって〝場〟のエネルギーが変わったということなんでしょうね。

帯津　そうなんです。で、その〝場〟ということについて、私にも最近いろいろとわかってきました。自然治癒力というのは、たとえば昔からヒポクラテスが言っていて、ガレノスも言っていて、中国医学では、扁鵲《へんじゃく》の時代から、別の表現ですが、やはりずっと言われ続けてきた。

だけど、実際のところは、全く正体がわからない。おそらく、それは免疫力のもとにある力で、免疫力にとっては〝司令塔〟のような役割をしていると思うんです。ところが、ここが面白いところなんですが、全然わかっていないがために、何を言っても大丈夫なんですね。自分の考えで、「自然治癒力はこうですよ」と言っても、誰も文句を言わないだろうと思ったら、案の定、だれも言わない（笑）。

だから、私は勝手に、自然治癒力というのは、〝場〟の持っている、本来的な能力と言っています。たとえば、「生命の場」というのは我々の中にありますよね。我々の身体は臓器と空間からできていますが、その空間には生命に直結する物理量、たとえば〝気〟のようなものが存在していて、ひとつの〝場〟を形成しています。これを自分では「生命の場」と呼んでいますが、そういう〝場〟が本来的に持っている能力、これが自然治癒力である、という考えですね。

さらに、その〝場〟というのは、皮膚に囲まれた、私だけのものという孤立した空間ではなく、皮膚にある無数のすき間や呼吸を通して外界の〝場〟とつながっている。皮膚で境《さかい》されているわけではないんですね。だから、私の体の中に自然治癒力があるということは、大自然を含めた環境の中にもある、ということになります。そして、環境の中にあるのであれば、身体をいい環境に置かないとだめだということになるわけです。

実際、驚くような回復を見せる患者さんを観察していると、みなさん、いい〝場〟に身を置いていることがわかります。いい家庭、いい職場、いい医療の場にいて、付き合う人も「生命の場」を高めようという志を持った人たち。そのような環境にいると、いのちのエネルギーも蘇ってくるのでしょう。

ですから、病院の〝場〟のエネルギー、つまりそこに入っただけで治るような、病院の〝場〟の自然治癒力を高めないといけないわけです。それが、今、私が大きなテーマとして考えていることです。

松本　同感ですね。いまのお話は、私が実践していることを理論的に裏づけていただいているような気がして、とても心強く感じます。

帯津　それはよかった。ところで、松本先生は曹洞宗のお坊さんだからわかっていただきやすいと思いますが、仏教では、阿弥陀様の本願が充ち満ちている〝場〟を「浄土」と言うんですよね。

松本　その通りです。

帯津　私が学生時代、空手部で一緒に稽古をしていた本多弘之《ほんだひろゆき》という友人が、いつだったたか、「浄土は本願の場である」と言ったんですね。阿弥陀様の本願が充ち満ちている場だ、と。それを聞いたときに、「なんだ、そうか」と、はたとわかったんです。私は、自然治癒力が充ち満ちていると思っていた。ところが、彼は本願が充ち満ちている、と。でも、同じ空間に2種類のものがあるよりは、これは同じものにしちゃったほうがいいんじゃないか、と考えたわけです。だから、自然治癒力は阿弥陀様の本願なんだと、こう思ったんですね。

そうすると、科学がつかまえられなくてもしようがないな、と。阿弥陀様の願いは、科学ではキャッチできないですもんね。でも、それでいいんだと…。

松本　阿弥陀様は、いつも人間に対して「慈しみの心」、つまり「慈悲の心」をもっておられます。ですから、阿弥陀様の本願が実現する力を、もともと人間に与えてくれている、ということかもしれません。それゆえ、「身体は治り方、治し方を知っている」と言えるのでしょうね。

帯津　それと、たまたま今「慈悲」という言葉が出てきましたので付け加えますと、私は常々、人間の性《さが》は「悲しみ」であると感じています。人間というのは、それだけで悲しい存在なんだということを前提に、いつも患者さんと付き合っているわけです。

そのことに関して、藤原新也さんという人が最近出した本

の中で、悲しみのことに触れて、「悲しみには癒やしの力がある」と言っているんです。人の一生は様々な苦しみや悲しみに彩られているけれど、その彩りの中にさえ、救いと癒やしがあるのだ、と…。同時に彼は、悲しみの中には自分の心を犠牲にして他者への限りない思いが存在する、とも書いています。だから、悲しみイコール癒やしなんだ、と。

それぞれの人間は、それぞれの悲しみを抱《いだ》いて生きている。ということは、悲しみを抱きながら、人を癒やす力を持っている。

松本　そうすると、人がそれぞれ抱いている悲しみそのものが自然治癒力である、とも言えますね。

帯津　ええ。片や、自然治癒力は阿弥陀様の本願である。両者をどう結びつけるかと言うと、やはりこれは別々のものですよね。だから、自然治癒力というのは単一のものじゃなくて、多面性を持った複合体だと思うんです。あるときは本願、あるときは悲しみとね。それを、医療の中で、それぞれの人の自然治癒力を湧き起こさせるようなことを〝場〟としてセットしておけば、大いにこれが生きてくると思うのですね。

とにかく、自然治癒力というのは面白いですよ。松本先生は自然治癒力についていろいろ書いてくださっていますが、これからの医療を考える上で、これはとても大事なところだと思います。がんばってください。

松本　おそれいります。私も医療現場でよりお役にたてるよう、ますます精進していきたいと思っています。本日はありがとうございました。

☆自然治癒力を高める代替医療の現在と未来
～浄波良法を取り入れた医師からのレポート～

浄波良法に寄せて

宮崎県　太陽クリニック院長
髙橋　弘憲

松本先生が開発された浄波良法に関する出版物は、早くも4冊目となります。私はその処女作以来ずっと寄稿させていただいておりますが、非常に光栄なことと思う反面、以前とは比較にならないほどの重圧を感じるようになりました。それには2つの理由があります。

まず1つ目は、松本先生はもとより、今回の本に登場する須山さんたちの人柄と熱意を知るごとに、できるだけの力になりたいという気持ちがますます強くなってきたことに起因するものです。

浄波良法という、まだ生まれたばかりで歴史の浅い手法を広く知らしめる目的もあって、毎年のように出版を重ねているからには、医師である私の文章にかかる期待は大きくて当然です。私の文章が信用に値すると評価されれば、本を読まれて浄波良法の存在を知った皆様との縁が深まるでしょうが、逆にそれっきりの縁にもなりかねませんので責任重大です。

信念に基づいて、嘘や誇張のない表現の範囲で、心に残るような文章を書くことは、決して容易《やさし》いことではありません。しかしプロのライターではないにしろ、自分の考えを自分自身の言葉で書き記すことさえできないようであれば、患者さんに解るように言葉を探しながら診療を行うプロの臨床医としては失格です。

ここはなんとしても書き上げなければ……このような理由です。

前置きが長くなりましたので、このあたりで本題に入り、２つ目の理由は最後に書くことにいたします。

私が浄波良法を患者さんに説明・施行するときに、心がけている基本的な事項がいくつかあります。

まずは概念として、浄波良法という漢字が「療法」ではなく「良法」であることの意味を理解してもらうことです。

「良法」とは、病気の部分もそうでない部分もまとめて人体を丸ごと「良い方向」に導くもので、病気の部分をターゲットとして働きかける「治療法」とは似て非なるものです。ですから、浄波良法について理解を深めるためには、宇宙とのつながりの中で、人体の構造や生命力をとらえようと心がけることが大切です。既成概念にとらわれて、浄波良法を代替医療の一種として理解するには無理があるのです。

浄波良法の本質は、人工的な電磁波などで乱れた生活空間の「悪い状態」の波動を、元々のあるべき「良い状態」に整えることにあります。浄波良法によって整えられた「良い波動」を受け入れることにより、乱れていた体質も「良い方向」へ導かれ、本来の自然治癒力を取り戻すことができるのです。癌が小さくなることも、傷が癒えたり痛みが消えることも、その延長線上に起こりうる結果であって、人体は浄波良法の直接的ターゲットというよりは、間接的ターゲットととらえるのが適切です。

ところで、私は先ほどから「波動」という表現を繰り返していますが、なぜか波動という表現を怪しいものと感じられる人もおられるようです。しかしながら、実際に、私たちの生活空間に、光や電磁波などさまざまな波動が存在していることは疑いようのない事実です。特に、この半世紀ほどの間におびただしいまでに増え続けてきた人工的波動によって、およそ宇宙自然の摂理とはかけ離れた、波長、強さ、方向性ともバラバラに乱れた「悪い波動」に私たちの人体は日夜さらされ続けていることを、もっと真面目に認識しなければいけません。

次に、浄波良法の効果を信じながらも、理不尽なまでの結果を期待することがないように取り組んでもらうこと。これは浄波良法に限ったことではありませんが……。

浄波良法は、決して魔法ではないのです。患者さん自身が自らを良い方向に改善する取り組みが何よりも大切です。

そもそも自然治癒力とは、宇宙自然の摂理の中における正しい生活習慣を実践することによって発揮されるものです。空気や水、食事、運動、言行など……どれもが生きるのに大切な要素であり、不自然で劣悪なものを避け、自然で良質なものを取り入れるように心がける必要があります。浄波良法は、その中の波動という要素を引き受けているだけです。

それから、浄波良法を望まない患者さんには決して強要しないこと。その訳は、患者さん自身が浄波良法を受け入れる素直な心の状態になければ、施行する意味がないと考えるからです。きれいな、自然の状態に整えた波動エネルギーを取り込むことによって心身の乱れを正すことを本分とした浄波良法は、強い猜疑心や反抗心のよろいをまとった状態よりも、心身の緊張を解いて身をまかせている状態の方がはるかに効果を期待できるのです。これは通常の診療においても同様で、喫煙を止めようとしない喘息患者やアルコールを飲み続ける肝臓病の患者のように、自ら治療に反発する者を治す術はありません。

さらに、浄波良法がどのような効果をもたらすのかを理解するためには、浄波良法を施行した患者さんとの会話から情報を取り漏らすことのないように心がけることが肝要です。

患者さんがなにげなく話した感想や、会話の途中で気がついたという部分に、信頼に値する情報があるものです。

ここで、3名の患者さんの事例を紹介することにいたします。

1人目は、曲がったことが大嫌いで約束は必ず守り続けた70代の男性です。

進行胃癌の手術後、約2年を経過して胆道系に再発し、閉塞性黄疸のため再入院となりました。しかし根本的な治療には至らず、余命わずかと宣告され、残された時間を自宅で過ごしたいと、経皮的胆管ドレナージを留置した状態で退院したのです。

退院後の医療行為は、私が往診して行うことになりましたが、腹腔内に浸潤する癌による痛みは日ごとに強くなっており、在宅での看病には相当の苦労を伴うことが予想されました。なにしろ入院中は、非ステロイド系鎮痛剤の座薬に合わせてモルヒネも毎日使用しながら疼痛を管理していたのです。看病にあたる夫人の方が先にまいってしまうのではないかと心配でした。

そこで、夫人に浄波良法の提案をしたところ、とても熱心に興味を示されたので、浄波セーバーの使用法を指導した上で貸し出し、1日何度でも好きなときに施行できるようにしました。すると効果はてきめんに現れ、入院中に比べると痛みがはるかに軽減し、モルヒネはいっさい使用する必要がなくなったのです。それだけではなく「浄波良法を行うと心が落ち着き、気持ちよく眠ることができて本当にありがたい」という感想を何度も口にされ、とても喜んでいました。

患者さんは徐々に衰弱し亡くなりましたが、最後の日まで取り乱すことなく落ち着いており、毅然とした尊厳ある死を迎えられました。

2人目は高血圧などで通院中の60代の女性です。

彼女は登山が大好きで、1年を通して毎週のように全国の山に出かけています。常識的には体力の回復が追いつかないほどの、ハイペースな日程なのですが、本人はそんな自分を止められないほど山を愛しているためか、山から戻ると不思議なくらいに元気なのです。

しかし、今度の夏はさすがに疲労がひどかった様子だったので、浄波セーバーを使用して浄波良法を行うことにしました。すると、浄波良法の直後にははっきりと効果を自覚することはなかったようですが、その夜はぐっすり眠ることができ、翌日には普段とは明らかに違う回復力で筋肉痛や疲労が軽くなっているのに気がついて驚いたそうです。

彼女の話には後日談があります。それは浄波良法の不思議な体験について、彼女が感想を報告してくれたときのことです。会話の途中で私がたまたま、浄波良法を行っている歯科医院では、以前に比べて抜歯後に使用する鎮痛剤の量がはるかに減ったらしいということを話したところ、偶然にも彼女自身が浄波良法を行った当日に歯科治療を受けていたこと、そして痛みが全くなかったため処方された鎮痛剤を必要としなかったことを教えてくれたのです。思わぬ展開で、浄波良法を行った後の歯科治療に対する効果を確認することができました。

3人目は、法事などで忙しく行動したため疲労困憊した60代の女性です。

彼女は感覚が敏感な性質なのか、浄波良法の施行中はずっと目を閉じていたにもかかわらず、私が浄波セーバーを振るっているときには全身に電気が走るような感覚を覚えたと言います。浄波良法を受けた夜は久しぶりにぐっすり眠ることができ、翌朝はすっきりと目覚めた後、前日まで鉛のようだった身体が嘘のように軽く感じられ、家事を全部片付けることができたとのこと。それ以来、すっかり浄波良法のとりことなっています。

以上、3名の事例からも、浄波良法が何か特定の症状や病気だけを対象とした治療法ではなく、心身を全体的に良い状態に導く「良法」であることがよくわかります。

それにしても、良い波動を取り込むことによって、なぜこのような結果が実際に得られているのでしょうか。

実は、私たちは想像以上に波動の影響を受け、その波長や強さの変化によって心身もいろんな状態へ誘導されると考えられるのです。

わかりやすいように、五感で認識できる音や色の波動について考えてみましょう。

洋の東西を問わず、魂を鎮めるときに鳴らされる鐘の響きや闘争心を煽るための鼓笛のリズムには、心身の奥深くまで揺さぶりかけるような波動があります。もし、この鐘と鼓笛が逆に使われれば、たとえ理性の力を持ってしても、魂を鎮めることや闘争心を高めることには無理が生じます。同じように、白と黒、赤やオレンジ、青やグリーンなどの色にも目的に適した使い分けがあることは、きっとご存知だと思います。

そのような観点から浄波良法を見てみると、次のような概念にたどり着きます。

病気やけがなどの体調不良から早く回復させるということは、細胞の再生力が高まるような穏やかでリラックスした状態に心身を導くということであり、そのような目的に適した波動があるはずです。ですから、とりまく環境が回復に適しない乱れた波動に満ちていれば、いくら最先端の医療を受けても思うような結果を得ることは困難となり、一方、良い波動環境の元では回復力が高まるのでしょう。

これまでの事例から、浄波良法によって整えられた波動は、細胞の再生と心身のリラクゼーションにすごく適したものであると推し量られます。事実、浄波良法の直後には副交感神経の機能が高まるというデータが示されています。

ところで、浄波良法を受けた人の感じ方には個人差があります。

私の見たところ、病気やけがの症状に悩んでいる人の方が、普段から元気な人よりも効果を認識する傾向が強く、同一人においても、体調の良い時期にはなんら変化を感じず、体調が悪い時期には身体が楽になることがわかるようです。先にも述べましたが、浄波良法は特定の病気や臓器、細胞をターゲットとして作用するのではなく、人体すべて丸ごとに働きかけるため、ちょうど水が低いところから満ちていくように、弱ったところから回復させるので、状況によって差が生じるのは当然のことと考えます。

最後に、文頭で述べなかった2つ目の理由を説明して終わりにします。

かつては大変な修行によってようやく会得できていた浄波良法も、浄波セーバーが開発された今となっては、誰の手でもある一定レベルの効果をもたらすことができるようになりました。それはすばらしいことである反面、危うい状況でもあります。現代医学を敵のように非難する医師や、分子医学的妄想にとりつかれた医師が、浄波良法を巻き込んだ形で持論を展開する可能性もないとは言えません。もしそのような事態が生じれば、常識的な医師の間に浄波良法は広まるどころか怪しげなものとして扱われ、残念な結果になるでしょう。
まさにこのようなタイミングで出版される今回の本には、浄波良法の信用がかかっており、これまで以上にその内容が問われます。しかし、版を重ねるごとにいろんな人物がかかわるようになっている流れの中で、はたしてどのような文章が掲載されるのか、松本先生自身の言葉によってシンプルに構成されていた処女作には無用だった不安を強く感じてしまうのです。

また、同じ本に寄稿することによって、執筆者はみんな同じ穴の貉《むじな》と思われがちですから、くれぐれもお互いの信用を傷つけることがないように無責任な表現は避けなければなりません。私の文章は一言一句まで自分自身の言葉であり、文責は私自身にあります。その他は編集者の方の良識を信じるしかありません。

浄波には、治療を超えた「人を生かすエネルギー」がある

広島県　藤浪医院院長
藤浪　一宏

我々西洋医学の医師は、主訴をもとに血液データなど客観的なものをチェックしながら、患者の治療をします。患者さんのデータを基準値と比較しながら、病名をつけ、治療をはじめるのです。治療方法は、薬物治療、手術、放射線療法などが代表的なもので、全て肉体に対し何らかの作用があります。これが本人にとってマイナスなら副作用です。なるべく副作用が生じないよう心がけながら治療していきますが、すべての方にこの副作用が出ないとは限りません。

また、治療には限界があります。医師および患者さん本人が限界を感じるとき、患者さ

んは、治りたい一心でいろいろな世界に手を伸ばし始めます。私もまた限界を感じたときに、最後は「ご本人の自然治癒力を高めましょう」と思わず発してしまうことがあります。

自然治癒力、これには個人差はありますが、皆さんが持っているものです。副作用を少なくして自然治癒力を高めてゆくにはどうしたらいいかと考えていたころ、知人の紹介で浄波良法を知りました。その人は「自然治癒力」を大切に考え、実際に治癒力を高め、病気が快方に向かった人など実績を積み上げていました。私の求めていたものもまさにそこにあったのです。

西洋医学の治療は薬に頼ることが多く、自然治癒力という根本の考え方が隠れてしまっています。

たとえば、高血圧の患者さんには、食事、運動療法を施行した後、効果がなければ、降圧薬を投与します。薬で血圧をコントロールしているので、生活習慣の見直しをしながら、薬と付き合うことになります。患者さんの中には「血圧をコントロールする薬は一生飲むものだ」と思っている人が多いですが、減薬することは可能です。国民性のためか、薬は

「当たり前」と疑いもせず飲み続ける方がいますが、よく考えてください。多かれ少なかれ人には自然治癒力があります。それを引き出しつつ減薬していくことが大切なのです。

怪我をしたときに絆創膏を貼りますが、それは一生貼っておかないといけないものでしょうか？　通常の場合、キズは自然と治るものです。治ったら絆創膏は止めますよね。貼るのを止めるのは傷が治るからです。では、キズはどうして治るのでしょうか。人が生まれ持っている「自然治癒力」のおかげです。薬にもそれと同じことが言えるはずです。

西洋医学は日進月歩で、あらゆる分野を発展させてきました。

その中で、患者さんは医者を頼りにし、医者はある意味薬を頼りにしてきました。これは我々を、自分自身の力だけで生きているのではなく、薬に生かされているという「思い込み」の世界に迷い込ませたのかもしれません。だから私は、そこに治療の限界を感じることがあります。適切な治療・手術は不可欠ですが、しかし、本来、自分自身で治そうとする「自然治癒力」というものを忘れてはなりません。

自然治癒力があってこそ西洋医学も存在するのではないでしょうか。

人の治癒の力を引き出す療法は薬だけではないように思います。確かに、薬には痛みを消したり、咳を抑えたり、熱を抑えたりと、身体を楽にしてくれる作用があります。楽になると自己修復力が増し、結果として快方に向かうと考えられています。しかし、楽だからといって薬に頼り過ぎると、本来の修復する力をそこなってしまうことがあります。薬の作用を解毒するのも、我々の本来持っている分解力で解毒をしているのです。薬の力で治る病気もありますが、薬の力には限界があることも確かです。

ところが、浄波によって自己治癒力を引き出された患者さんは、西洋医学では治癒できない病気を、自らの力で生きるエネルギーを増して、奇跡のような状態にできることもあります。

浄波を受けると、生きるエネルギーが増すのがはっきりわかります。浄波を施すことによって、生きようとする力がどこから湧いてくるのかわかりませんが、身体の筋肉緊張や凝りが軽減し、血流が限りなく正常に近くなり、痛みが確実に消えています。このことは、西洋医学が最も重要視するデータにもあらわれていました。浄波を受けてわずか15分前後の出来事です。

すぐに効果のあらわれる人もいれば、少し時間のかかる人もいますが、それは程度の問題で、ほとんどの方に自覚が認められます。

〝浄波〟を生み出した松本光平氏は、これに〝良法〟と名づけました。まさしく名の通り、身体に良い方法だと思います。

身体が元気になることこそが、生きるエネルギーが増幅した証です。その証を誰が一番に感じることができるか。それは患者さん当人と、私達、医療に携わっている者です。

今までに浄波良法を施してきた患者さんに一様に感じたのは、明らかに人相が穏やかに変化していることです。たった15分でここまでリラックスできるのかと半信半疑になるほどでしたが、心電図でもその効果は証明されています。

人が穏やかになるのは、自律神経の交感神経と副交感神経のバランスがとてもいい状態になるからです。この状態は、たとえ意識したからといって簡単につくれるものではありません。人間がこの状態になると、呼吸が整い、免疫力を上げることができます。リラックスし過ぎてぼーっとしているわけではなく、身体の中に芯ができたというイメージを想像してください。

このことから、浄波良法は主に過緊張・精神的な疾患に発揮されると私は感じています。逆に、ぎっくり腰や腰痛など、患部の状態を変化させる治療には即効性が顕著にあらわれないので、その場合、当医院では即効性を重視する鍼灸の治療を行っています。もちろん、免疫力を高める必要のある疾患には、浄波良法を施しています。

今年大流行のインフルエンザですが、これはウイルスの感染が原因です。しかし、感染する人と感染しない人がいます。その違いはどこにあると思いますか？　ウイルスとの接触時間にかなり左右はされるものの、感染するかしないかは、やはり個人々の免疫力の差ではないでしょうか。ウイルスに限らず、食あたりも同じですね。同じものを食べてもお腹をこわす人と何も起こらない人がいます。

免疫を強くするにはどうしたらいいでしょう。薬では病気を進行させないように助けることはできても、充分に免疫を強くすることはできません。薬を使いすぎるとかえって身体を弱めることがあります。

浄波良法のすごいところは、どんな状態でも治癒のエネルギーを高めてくれるところです。何も考えなくてもエネルギーは高まります。むしろ施している5分の間、目を閉じて〝無〟になることによって身体が生まれ変わります。

薬は、過ぎたるは及ばざるがごとしという言葉のとおり、過ぎたときには、持っているエネルギーが下がることもあります。免疫力が下がって快方から遠のくことも時として起こりえます。

西洋医学の治療に限界を感じるとき、この浄波良法は解決へと導いてくれているような気がします。私も半信半疑だった、パフォーマンスにも見える浄波良法の施術方法は、心電図や写真という裏付けで効果が証明されています。西洋医学の治療では思うように結果が出ない患者さんに、その体に触れることなく浄波良法の効果が出ているのです。

浄波良法には副作用がありません。このことは、私にとっても患者さんにとっても、新しい世界に導かれたような予感を抱かせてくれました。医療は日進月歩です。過去の情報に新しい学びと努力を怠らないように日々切磋琢磨し、人間の生命力の神秘に、科学者である医者として携わっていきたいと思います。

すべては患者さんのために

～浄波良法を主体とする代替医療を取り入れた歯科医療について

神奈川県　にのみや歯科クリニック
二宮　友綱

「どうしよう！　世界がぐるぐる廻ってる‼」

ある土曜日の朝、突然、元気だった妻が激しい目まいで、歩くどころかベッドから起き上がることすらできなくなりました。まだ2才の息子は何が何だかわからないまま、自分の母親の異変を感じとって泣きじゃくったまま。そんな2人を目の前にして、無力な自分を情けなく思いましたが、なすすべがなく、親族に手伝ってもらって、何とか近くの病院に連れて行きました。私は今まで医学を勉強してきましたが、悔しいことに、いざという時には歯科の分野でしか対処できないのです。

駆け込んだ医院で点滴を受け、おそらく脳貧血による三半規管の問題だと思うが、仕事も家事も一切禁止、1週間は上げ膳下げ膳で絶対安静にするよう言いわたされ帰ってきましたが、1週間以上経っても目まいはいっこうに改善しません。子供の面倒しかみられない自分が心底情けなくなりました。

そのとき、「松本先生ならなんとかしてくれるかも……」と妻がつぶやきました。

松本先生？　一体誰の事だろう……？

たまたま、倒れる1週間前に妻が松本先生の『波動良法で自然治癒力を引き出す』を書店で見つけ、読んでいたのです。これも何かの縁だろうと思い、すぐに松本先生に電話をして事情を説明したところ、嫌な言葉や態度は一切感じさせず、「どうぞ、私でよければ」と快諾してくださったのです。

ヨロヨロの状態で支えられながら松本先生の所へ行き、施術をしてもらいました。そうして約30分後、あれほどひどい状態だった妻が、正常…いやスキップできるほど異常なまでに元気になって帰ってきたのです。自分で車も運転してきたと聞いて、私はキツネにつまれたようで、逆にこちらが放心状態、無気力状態になるほどでした。

おまけに、施術中はいっさい手を触れなかったと聞いて、驚愕しました。

……いったい何だ？　この療法は！

これが私と浄波良法との衝撃的な出会いであり、私の医療に対する考えを根本的に変え、代替医療について知るきっかけとなった出来事でした。

とはいえ、代替医療への興味はそのときにはじまったわけではありません。

毎日毎日、歯を削っては詰める、抜く、かぶせる、腫れたら投薬し、場合によっては切開し、また投薬……。明けても暮れても同じことの繰り返しをしているのです。これでは終りのない闘いになりかねません。

そこで、何か良い方法がないか模索していたところ、たまたま購入した医学書に「がん患者さんの会」の案内がありました。

癌の患者さんは癌をどうとらえ、どう向き合い、どう克服しているのだろうか。どのように治療をし、周囲の人（ご家族や親族）はどのように本人と関わっているのか…。

口腔内にも癌は発症するため、勉強させていただくいい機会だと思い、失礼だとは思いましたが、癌患者さんの会に参加させていただいたのです。

そこには、私にとって今でも心の奥深く残る〝生きた勉強〟となった出来事がありました。

西洋医学に頼りすぎず、自分に合った療法を実施し、精いっぱい自己と向き合いながら、一生懸命、一日一日、一秒一秒を大切に〝生きる〟患者さんと、それを優しく温かく、力強く見守るご家族。

疾病は全て自分が招いてしまったという考え方、物事に対してのこだわり、考え方の偏り、食事や睡眠の偏り、体の歪みなど、今までの自分が考えていたのとは全く違う答えを患者さんから教えられました。

主催者の方の「君のような健康的で元気な若者がなぜここに居るのですか?」との問いに、私は「自分はどっぷり西洋医学しか勉強してきませんでした。でも、辛い思いをしている患者さんに対して、今よりも良い、その人に合った治療をしたいと思っています。そのために何か良い方法や考え方がないか、皆さんから教えていただきたくて、ここにいます」と答えました。

　そうして席に戻った時、隣にいた乳癌の患者さんが手をにぎってくれて、「ありがとうね。そう考えてくれるお医者さんを待っているのよ。がんばって下さいね」と、こんな若輩者に、頭を下げてくれました。私はあふれる涙をぐっと我慢しながら「ありがとうございます。がんばります」と言うのが精いっぱいでした。

　自分と向き合い、西洋医学の良い所を取り入れながら、東洋医学や代替医療を個々の状態に合わせて実践し、日々充実して明るく生きている癌の患者さん。そしてそれを見守るご家族の愛。生きた勉強をさせていただきながら、帰りの自分の心は、今まで一辺倒な治療を行ってきたことへの反省と、これからの新しい治療への確固たる〝軸〟が誕生したことを実感したのでした。

　私の西洋医学に対しての疑問に、妻の突然の不調と癌の患者さんが答えてくれました。求めていた答えは代替医療だったのです。後にこの考えはさらに深まり、ホリスティック医療への道につながっていきます。

こうした過程を経て、代替医療を臨床や実生活に取り入れて数年になります。少なくともホリスティック医療を目指すものとして、代替医療は絶対に避けて通れないと考えています。それほどに、臨床はもちろん、日常の様々な場面で著しい効果をあげているのです。最近は、患者さんの中にも代替医療の勉強をされている方が増えてきていますから、そういう方には、その方が勉強された療法をベースに、当院での代替医療をエッセンスとして加えてもらい、さらなるレベルアップをしてもらっています。

何をベースにするかは各自の自由ですが、必ず行ってもらいたい代替医療のひとつとして、浄波良法を紹介しています。浄波良法は、当院でほとんどの疾患に対してファーストチョイスしていて、浄波セーバーを当てていないと、逆に私が心配になるほどです。少し例を挙げてみましょう。

顎関節症（開口障害、開口痛）

40代の顎関節症の女性が、口が指ふたつ分ほどしか開かず、痛みがあるということで受診されました。口を開くための筋肉が緊張しすぎており、体が左右非対称に歪んでいました。

そこで、まずバッチフラワー（レスキューレメディー）で精神的に安定させ、すぐに浄波セーバーを行いました。すると著しい効果があり、指三本ほどに口を開くこともできるようになりました。

その状態で再度浄波セーバーで施術を行い、エゴスキュー（筋肉の再教育を行い、体の痛み、歪《ゆが》みをとる運動療法）のメニューをいくつか指導し、体の歪みを補正しました。これでかなり痛みが和らいだようです。

最終的に咬み合せの調整を行い、もう一度浄波セーバーを使用し、5分ほど安静にしていただくと、治療終了後には症状が軽減し、違和感が多少あるものの、患者さんは大変喜んでいました。

無麻酔乳歯抜歯

5歳の女の子が乳歯の抜歯に来院したときのこと。

無麻酔下での抜歯のため、患部の消毒後、浄波セーバーを下丹田、胸の中央、患部へ各

1分行い、かわべ式オープンハート（歯科医師川邉先生考案の姿勢。痛みを軽減し、麻酔の使用を抑えることができる）で深呼吸しながらカラーセラピーを同時に行ったところ、患者さんは緑を選択しました。緑はストレスを軽減する色です。

患者さんの心を落ち着かせ、呼吸に合わせて、麻酔をせずにぐらぐらしている乳歯を抜歯し、すぐにEO水で止血しました。EO水とは、水道水に塩を加え特殊な電気分解を加えたもので、薬品を使わずに殺菌することができます。そして、止血と同時に浄波セーバーを使用しました。

処置の間、患者さんに痛みはなく、治療はわずか8分で無事終了しました。その夜も普通どおりの生活でまったく問題なく、経過は良好だとのことです。

義歯の痛み

60歳の女性のケースです。

右膝に手術をした後から、股関節に歪みが生じて膝をかばってしまい、体が歪んでしまいました。そのことでさらに左膝も痛め、股関節にも痛みが出てしまったようです。結果、咬み合せにまでズレが生じ、義歯が咬みにくくなり、入れ歯を支えている歯も痛むことになってしまいました。

この方のケースでも、まずは浄波セーバーを行ってもらい、全体的な痛みを軽減させて、口腔内の咬み合せ、入れ歯の調整をして、もう一度浄波セーバーを行なってもらいました。このとき、患者さんの希望により膝にも浄波セーバーを行いました。

すると痛みがまったくなくなり、咬み合せも改善し、患者さんの顔も別人のように明るくなりました。

患者さんは「ウソのようにラク！　信じられない」とおっしゃっていました。

また、青い光が頭や目のウラに見えたということです。これは、浄波セーバーが副交感神経に作用するためです。一般に、副交感神経優位の人は、目を閉じるとまぶたのウラが青っぽく見えるといわれます。

また、浄波セーバーを行った後、体中がビリビリして、手足がポカポカしてくる冷え性の患者さんもいます。これは、もともと冷え性の人はミトコンドリアの動きが悪いため、浄波良法（セーバー）がミトコンドリアに働きかけ、活性化し、結果として体中が温かくなったり、手足がポカポカするのだと考えられます。

セーバーでの施術後、このような反応がある患者さんは、慢性的な冷え性の可能性があるので、薬の服用の有無や食生活を問診し、体を温めるアドバイスを行っています。体質が改善され、治癒力が高まります。

以下は、浄波セーバーを使用した患者さんのコメントです。
・その夜はぐっすり眠れて、寝る前までとっても元気でした。
・歯ぐきが腫れませんでした。
・神経を抜いた後はいつも痛かったのに、まったく痛くなかったです。
・抜歯をしたのに痛み止めを服用しませんでした。
・長年の痛みがあった手首がとっても楽になりました。
・お腹がグルグル鳴ってトイレに行きたくなりました。
便秘気味の患者さんや冷え性の患者さんは、ほとんどと言っていいほど、施術中にお腹がグルグル鳴ります。腸が動きだしている印なので大変良いことです。免疫が働くサインでもあるのですが、逆に言うと普段は施術をしていないので、腸の動きが悪いということでもあります。普段の免疫力が低下しているのです。

このように、臨床や日常で用い、多くの人からの評価、反応を目の当たりにしていると、やはり、ベースとなる代替医療を取り入れたり、代替医療同士でコラボレーションすると絶大な効果があるのは火を見るより明らかです。この実感を得てからは、毎日のように様々なケースで用い、一人でも多くの人を癒し、元氣にしたいとつくづく思います。

浄波良法は、当院にとっては〝三種の神器〟の一つです。安心・安全で副作用がなく、即効性もある。これ以上のものはなかなかないでしょう。

今後も、ホリスティック医療を念頭において、患者さんの身体、神経、精神、そして霊性までも考慮し、患者さん全体を診る、木も診て森も診るオーダーメードな療法が必要不可欠です。

急性な炎症の場合は、西洋医学をベースにドクター側からの診察が著しい効果をあげる場合が多いのですが、慢性疾患や難治性の疾患、病気の予防を考えた場合は、どちらかというと東洋医学や代替医療をベースとして、患者さんやご家族の協力を得て行う治療が必要になるでしょう。ドクター側からの一方的な治療ではなく、患者さんと一緒に取り組むべきであると考えています。

患者さんには、西洋・東洋医学のそれぞれすぐれた点、代替医療についての考え方、治療への取り入れ方をお話しし、患者さんとそのご家族の協力を得て治療を進めています。患者さんが治療に参加することで得られる、患者さん自身の〝気づき〟が重要だからです。


これからの医療は、西洋・東洋医学、代替医療の強み弱みをしっかり理解し、患者さんに合わせたオーダーメードの医療を提供していくべきだと考えています。

さらに、一家に一人の治療家を育てることができたら素晴らしいことです。やはり患者さんは一番身近な人に診てもらいたいものですし、一番治療効果が高まると痛感しています。子供のころ、お腹が痛かったときに母の温かな手と優しい言葉でどんなに楽になったことか。

当院としては、そのような家庭や患者さんが困った時にすぐに診療できる施設として、また、より専門性の高い医療施設や高い技術を持つ治療家へと紹介できるパイプ役を務め

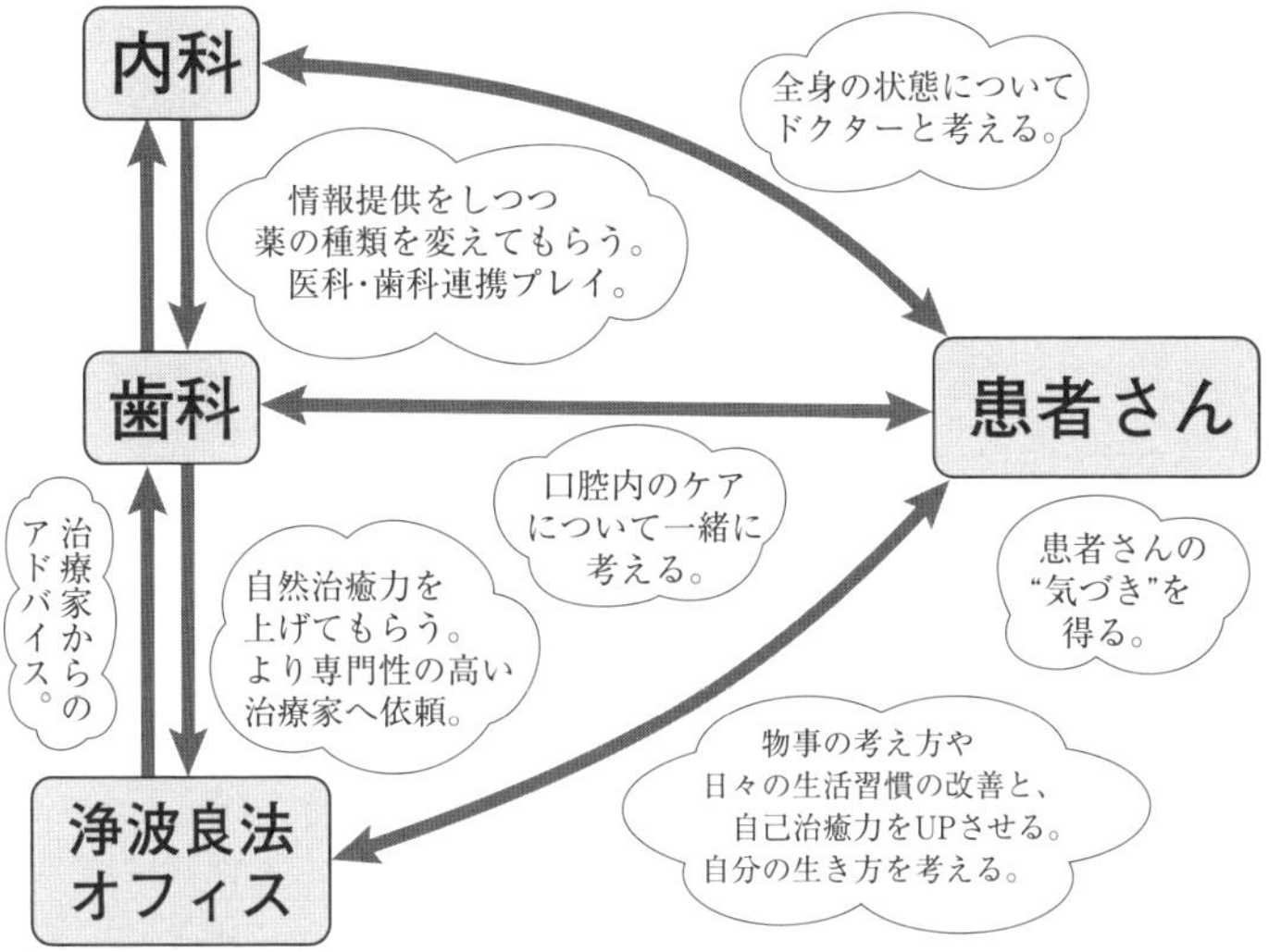
内科
全身の状態について
ドクターと考える。
情報提供をしつつ
薬の種類を変えてもらう。
医科・歯科連携プレイ。
歯科
患者さん
口腔内のケア
について一緒に
考える。
治療家からのアドバイス。
自然治癒力を
上げてもらう。
より専門性の高い
治療家へ依頼。
患者さんの
"気づき"を
得る。
物事の考え方や
日々の生活習慣の改善と、
自己治癒力をUPさせる。
自分の生き方を考える。
浄波良法
オフィス

るようにし、患者さんやそのご家族が困らないように極力努力しなければなりません。その際、確かで、安心安全な情報を提供することが重要です。

たとえば、高血圧で降圧剤服用、かつ仕事が大変忙しくて休む時間がなく、食事も偏り、明らかに免疫低下型の歯周病が急性化してしまった患者さんが来院した場合は、上のような図式が好ましいと思います。

このように、全てが協力し合い、〝循環〟ができる姿が理想です。患者さんからいただいた治療費も、最低限の必要額以外は患者さんのために還元し、良き医療費の流れを循環させることも重要です。

21世紀型の医療を考え、構築し、システム化して次世代に繋げていこうと考えています。

最後に、浄波良法とは直接関係はないのですが、ぜひ皆さんにも知っていただきたい「ちょっといい話」をご紹介いたします。

当院に通院しているHさん（女性）は、最愛の夫を亡くしてから、体全体が無気力となり、手足にしびれが発症するようになりました。地元の整形外科を受診し、精査をしてもらうものの、異常なしの診断。最後には「うちはあんたのような人の来るところじゃない!!」と、三行半《みくだりはん》をつきつけられてしまったそうです。その時、Hさんは「私自身、全てを否定されてしまった」と思ったそうです。

その日を境に症状は悪くなり、大好きな裁縫もできなくなり、ますます自分に自信がなくなっていったそうです。当院にいらしても元気はなく、歯肉や歯牙、義歯の状態も悪く、そのままでは徐々に悪くなっていくのは明らかでした。

夫の死と、悪気はなかったとは思いますが医者の冷たい一言で、すっかり自分に自信をなくしていたので、とにかく体をきちんと動かせるように、知人の鍼灸師のF先生に体のメンテナンスを依頼しました。Hさんも2回程がんばって通院し、少しずつ体が動けるようになりました。

その後、あるセミナーでF先生と一緒になったとき、「なんとかしてHさんの自信を取りもどしてあげたいんだよね」と話をしたところ、その「自信をとりもどす」というフレーズにピンと来たのか、F先生、夜の11時頃、突然Hさんに連絡して、何とドライブに誘ったのです。

手足がしびれて歩くのも怖く、包丁も握れないHさんは、当然ですが、大変びっくりしたそうです。

「大丈夫ですよ、僕が隣に座って補助します」

そう優しく言葉をかけるF先生にHさんもしぶしぶOKし、深夜のドライブに出かけたのでした。

浅田インターからみなとみらいまで、普通に走ればたかだか10分程度の距離ですが、ゆっくりゆっくり2人で仲良くギアを変えながら、片道に30分近くをかけて車を走らせたそうです。2人でいろいろな話をしながらドライブをして、結局、家に帰って来たのは深夜の1時だったそうです。一般の人にとっては2時間程度は日常茶飯事ですが、Hさんにとってそれはそれは大変なことです。

しかし——。

実際には、わずか2時間のドライブが、Hさんに大変大きなギフトをもたらしたのです。

「私、車の運転できたんだ‼」

それは〝自信〟と、〝自分は1人じゃない〟という安心感です。

その日からHさん、それまで裁縫で針の穴に糸が通らなかったのに、手のしびれが減り、糸が通せるようになったのです。よほど嬉しかったんですね。

彼女は、私やF先生を素直に受け入れてくれて、「私を見ててくれる人がいるんだわ」と、涙しながら私にそう言ってくれました。

最初、私がF先生を紹介したときは、自分に自信がなく、体も調子が悪いために物事をネガティヴに考えていたそうですが、亡くなった夫が後押ししているのを感じたそうで、がんばってF先生のところへ行ってみようと、フラつく体で行ったと、後日、教えていただきました。

自分に自信をつけて、自己治癒力をアップさせたHさん。

その後、松本先生のご好意で浄波セーバーを導入し、Hさんが来院するときは必ず用いており、施術後は大変明るく、元気になっています。

このように、患者さんをよく理解し、共感し、より安心安全な施術や情報提供を行う。そして、その患者さんの本来もっている自己治癒力を信じ、スイッチをONにしてもらう。

そのスイッチを確実に入れることができるのは浄波良法であり、代替医療の中でもファーストチョイスであり、なくてはならないものと日々痛感している次第です。

浄波良法を開発され、多くの人々に希望と癒しを与え、医療界への代替医療の橋をかけていただいた松本光平先生。その素晴しい感性と優しさで浄波良法を教えてくれる須山奈緒子先生に、心からの感謝と敬意を表します。

浄波良法は大変有効で、かつ副作用のない無害な療法です。一人でも多くの方がこの良法をマスターし、治療家となり、次世代につなげてほしいと心から願っています。

浄波良法は、あらゆる病気に効果が期待できる

福岡県　クリニック細井皮膚科院長
細井　睦敬

人間は自然治癒力を持っています。それを最大限に活かすのが医者であり、医療関係者の役割です。外から無理に力を加えれば、副作用も出ますし逆効果になるだけです。治療に関しても、本人の自然治癒力を高めることに医師は全力を尽くせばいいと考えています。「医師が患者を治してやる」という傲慢な考えは捨てるべきであり、患者本人の治したいという気力を高め、食事を正しくし、そして、副作用の少ないもので対応していけばそれで十分なのです。

そのための最も有効な手段として、いま、代替医療がクローズアップされてきており、

私が代替医療を治療の一環として取り入れる理由はまさにそこにあります。一口で言えば、代替医療とは本人の自然癒力を高める医療ということですから、そこで、主として末期ガン患者に対する私の代替医療を述べることによって、私の基本的考え方、立場を明確にしていきたいと思います。

末期がんに対する現代医療の三大療法は、手術、抗がん剤、放射線ですが、それにはおのずと限界と副作用がつきまとっています。それを超えるものとして代替医療があると考えてください。

私は皮膚疾患を専門とする医師でありながら、ある時期、友人知人にガン患者が出たり、ガンで苦しむ人が周囲に集まってきたことをきっかけに、「なんとか助けてあげなければ…」と必要性を感じて、ガンについて独自に研究を始めました。

ガンの患部だけを見て切除したり、細胞を死滅させるという西洋医学の方法では、根本的な治療にならない、と限界を感じた私は、人間をまるごと全体的にみるホリスティック医療に可能性を見出しました。そして、西洋医学の利点を生かしながら様々な治療法を統合的に組み合わせて、それぞれの患者さんにとって最も適切な治療を行っていく、統合医療を理想と考えるようになりました。

ガンの治療法を追求し独自に研鑽を積んできた中で、確かな効果があると期待できるものを当医院で患者さんに提供しています。その一つが、『フコイダン』によるカクテル療法です。『フコイダン』とは、モズクやメカブ、昆布などの褐藻類などのヌルヌル成分の中に含まれる多糖類のことです。硫酸化多糖類の仲間で、海藻の種類によっても異なりますが、特にモズクには〝硫酸化フコース〟と〝フコース〟が多く含まれていて、これらがガンに対して有効に働くことが明らかになっています。

人間にはフコイダンを消化吸収する機能が備わっていないため、特殊な酵素を用いてモズクを分解し、フコイダンを効率よく抽出した液状のものをカクテル療法に利用します。特殊な技術により低分子化された液体だからこそ、体内でもっとも効果的に働き、これによって正常細胞の免疫力の強化、マクロファージの活性化、ＮＫ細胞の増強活性化が起こり、同時に、ガン細胞に対してのみ攻撃を行う特性から、ガン治療に確実なパワーを発揮します。

フコイダンによるガンの抑制効果は、抗ガン剤に比べて画期的なものがあると期待され、まさに副作用のない抗ガン剤とも言えます。

正常細胞にダメージを与えず、副作用の心配もない、入院の必要もなく経済的負担も少ないなど、患者さんにとってメリットが大きいのも特長です。

このように、統合医療を基本とし、つねに患者さんの安心につながる医療を提供することを重視しています。

以上の私のカクテル療法は高い評価を受け、今まで末期ガンの患者さんを9000人ほど診てきましたが、よい効果が出ていることは確かです。ただ、安保徹先生の著書「免疫革命」にもあるように、好転反応が生じた場合に、それをどう納得し乗り越えるのかがテーマになるでしょう。

ガン治療の研究を進める中で、気功や東洋医学などの分野にもアンテナを張り、代替医療やニューエイジ関係の書物もいろいろと読みました。松本先生の一冊目の著書『波動良法で自然治癒力を引き出す』もその一つで、読んで非常に感銘を受けたのが、そもそもの浄波良法との出会いです。

その著書を読んで、目に見えないエネルギーによって自然治癒力に働きかけるというメカニズムに興味を持ち、また、ガン患者の症状が改善されたという成果にも素直にうなずけるものがありました。長年にわたる医師としての経験や様々な研究における知見から、人間本来が持つ自然治癒力や免疫力を高めるという浄波良法は、ガンのみならずあらゆる病気の改善につながるのではないかと直感し、松本先生にすぐさま手紙を書いたのです。

その後、松本先生がはるばる九州まで会いにきてくださり、我が身で浄波良法を体験して、知れば知るほど私の直感は確信へと変わっていきました。浄波良法によって患者さんの痛みが消えるというのは、医師の立場から客観的にみても驚くべきことです。にもかかわらず、松本先生はまったく偉ぶるところがなく、その謙虚で誠実な人柄に好感を持ちました。何よりも、苦しむ人を助けたい、病を癒したいという深い想いから、患者さんと真摯に向き合っている姿勢に感銘を受け、同じく人を癒す立場の人間として尊敬の念を抱きました。

また、ガンの患者さんが、フコイダンのカクテル療法と浄波良法の双方を共に行うことで、相乗効果を得て、より早く確実に症状の改善が図れるのではないか、また様々な皮膚疾患においても有効に働くのではないかと期待し、さっそく浄波セーバーを取り入れることにしたのです。

誰が使用しても浄波良法と同様のことが起きて、何らかの効果があるというのは、浄波セーバーの素晴らしいところです。その効果は、私の期待をはるかに超えるものがありました。

以下に、来院された患者さんの症例をいくつかご紹介します。

背中にできた帯状疱疹のために、激しい痛みを訴える患者さんの場合は、浄波セーバーで施術をしたところ、ズキンズキンとした痛みがほとんど消え、楽になったとニコニコして帰られました。

86歳になる肺ガンの患者さんは、ガン性の痛みが両下肢にありましたが、来院された際に浄波セーバーを施術した結果、5分後には痛みが消えました。

また、30歳代の女性が腰痛ということで浄波セーバーを施術したところ、短時間で痛みが取れ、非常に驚いていました。その他、５人の病例において、確実に「痛み」に対して即効性があることが確認できました。

さらに、個人的なことですが、私は虫歯がありましたので、その治療の前後で使用してみましたが、治療中に痛みを感じることがまったくありませんでした。普通ではまずあり得ないことで、驚きました。そのうえ、日常的に浄波セーバーを歯茎に当てることで、歯周病や歯槽膿漏の予防と改善に効果が期待できます。歯周病はこれといった治療法がないので、臨床としてその成果が得られたら画期的なことだと言えるでしょう。

浄波良法というのは、無尽蔵に存在する宇宙の光エネルギーを使っているという点で、これまでの医療とは次元が違います。肉体だけでなく、精神、霊体も含めて一瞬で整えるからだと考えられます。

すべての物質は原子でできており、振動しています。我々の身体も振動しているわけですが、浄波良法は、松本先生の特殊な才能により、宇宙円光エネルギーを人体の要である仙骨に送ることで、振動の歪みをノーマル化していると思われます。それによって、エネルギーを送った後は患者さん本人の自己治癒力で心身の不調和のある部分が修正され、病気であれば治癒していくということになるのだろうと理解しています。

これほど医療が進歩した時代にありながら、橋本病、らい病、サルコイドーシス、アルツハイマーなど、原因がわからず、いまだに根本的な治療法が見つかっていない病気がいくつもあります。浄波良法はそうした難病に対しても、何らかの効果が発揮されるのではないかと予想しています。

例えば、橋本病の場合、甲状腺ホルモンの量が低下している症状に対して、主にホルモン療法が用いられています。単に、体内で不足している甲状腺ホルモンを投与するわけですから、長期間の治療が必要となりますし、効果が出なければ、ひたすら投与し続けなければなりません。

一方、浄波良法であれば、もともと備わっている治癒力に働きかけることで、人体60兆個の細胞に影響が及び、その人の身体のすべての機能を高めますから、あらゆる不快な症状が消えて本質的に改善されていくでしょう。どんな病気の人であっても、必ずプラスの変化が起こってくる……。私が浄波良法に無限の可能性を感じる所以《ゆえん》が、そこにあるのです。

そもそも、病気の原因は常識的なところだけでは解明できないことも多いわけで、治療法がわからない、経験がないからこそ、浄波良法を試してみる価値があると言えます。

独自にいろいろと研究してきた私の見解として、これからの医療は見えないエネルギーを利用する方向に行くだろうと予測しています。高い次元からの宇宙円光エネルギーで速攻的に治癒する浄波良法は、波動医学としてまさに21世紀の新しい療法だと捉えています。だからこそ、既存の論理では簡単に解明しきれないのだと言えるでしょう。

西洋医学と東洋医学が互いに協力し合い、浄波良法によって患者さんの自ら治す力を引き出しながら、病気を総合的に治癒していく。そのようなあり方が、人の身体と心を癒すという医療本来に望まれる姿ではないかと思っています。

浄波セーバーが一つあれば、国内にとどまらず、海の向こうの病院や治療院でも、あるいは医療が十分に行き届いていない貧しい国においても、病める患者さんたちに希望の光をもたらし、ありとあらゆる病気の治療に活かすことができるかもしれません。

人体にどこまで有益かどうかは、まだまだ証明しきれないでしょうが、浄波良法の無限の可能性を高く評価し、松本先生のますますのご活躍に期待しています。

医療現場で確かな効果をあげている浄波良法

北海道　郷外科医院院長

郷　仁

治療にあたっての基本的な理念と方針

もともと私は大病院で外科医師として勤務していましたが、平成4年に、父が開業した郷外科医院を引き継ぐことになり、生まれ育った土地の町医者となりました。

地域に根ざした医院となれば、それまで専門としていた外科に限らず、ありとあらゆる病気の患者さんと向き合うことになります。どうせやるのなら最高の町医者になろうと、引き継ぐ時に決意しました。それは、たんに病気を治すだけではなく、疾病の予防や健康の維持・増進も含めて地域の人々のために貢献しよう、町医者として患者さんと共に生きよう、という信念から湧き上がる思いでした。

日々、様々な病気の患者さんと向き合いながら、人間の心や身体のことをじっくりと見つめ、どうしたら病気が良くなるのか、どうしたら健康を維持できるのかを、様々な角度から追求してきました。自らが学ぶ機会として、医学関係に留まらず、あらゆる分野の人々との交流や書物との出会いを、積極的に持つように努めました。

かつて、先端医療の現場でおもにガンの外科医師として従事していた経験から、手術や放射線治療など、悪性の箇所を除去する手段はいずれも人体にとって多くの負担をかけることになるし、薬の投与も一時的な症状の改善に留まり根本治療に至りにくいことは歴然で、患者さんを真に救うことができないもどかしさを感じていました。

そして、代替医療に関して、様々な情報や書物を通して学ぶにつけ、一人ひとりに本来備わっている自然治癒力や抵抗力、生命力を引き出すことが、病を治癒するうえで最善だと確信するようになりました。

現在、当医院では、一般的な医療に加えて、浄波良法などにより患者さんの自然治癒力や抵抗力を最大限に引き出し促進させることを行いながら、健康な身体づくりをめざした複合的な診療に取り組んでいます。

代替医療（浄波良法）を治療の一環として取り入れている理由

私はこれまで、患者さんの病気治療や健康維持につながりそうなものがあれば独自に研究し、微小低周波療法や遠赤外線（育成光線）を照射する装置などを導入して、診療のうえで柔軟に活かしてきました。浄波良法もその一つです。

初めて松本先生の著書『波動良法で自然治癒力を引き出す』を読んだ時に、私の考えと一致している点で非常に共感を覚え、「やはり真実は一つだ。病気の症状を改善するには自然治癒力を引き出すしかない」と確認できた思いでした。

その後、松本先生にお会いし、実際に施術を受けたところ、身体が内側からポカポカと温かくなる感覚と、深いリラックスがもたらす心地良さを体感し、内側の自然治癒力が増してくるのを実感、短時間のうちに副交感神経が優位になっていることが予測できました。

浄波良法は、私がそれまで研究してきたことに沿って全面的に信頼できると直感して、「これは病気治療にきっと効果があるに違いない」と、さっそく診療の一環として取り入れることにしたのです。

松本先生とお話してみると、治療に対する考え方や、病に苦しむ人たちを一人でも多く助けたいという想いが共通しており、信頼感を持ちました。そして、パートナーシップを組むことで、多くの患者さんたちを癒していくことができると思ったのです。また、浄波良法は、ほとんどの症例で痛みが消えることが体感できるので、わかりやすくて確かな治療法だと思います。

私が長年にわたり取り組んできた生命力や自然治癒力に関する研究から、細胞内のミトコンドリアの活動が健康状態を左右することがわかってきたのですが、浄波良法はミトコンドリアのエネルギー産生を一気に高めるものと考えられます。

全身に60兆個あるそれぞれの細胞の中で、細胞のエネルギー産生の95％を担っているのがミトコンドリアで、ミトコンドリアが元気に活動するほど、身体は元気な状態だと言えます。ですから、何らかの手段でミトコンドリアを活性化できれば、生命力や自然治癒力が高まり、身体の不調和な状態が改善されるということになります。

浄波良法を受けた患者さんたちの体験をうかがうと、身体が温かくなる、軽くなる、気持ちがいいなど、共通した感覚を訴えていますが、この温かいという体感は、熱エネルギーを発している証拠です。すなわち、浄波良法によってミトコンドリアのエネルギー産生能力が非常に高くなり、自然治癒力が高まった結果として病状が快方に向かうものと思われます。

浄波良法とミトコンドリアの活性化の関係については、松本先生の著書『浄波良法』で詳しくお伝えしていますので、そちらをご参照ください。

代替医療（浄波良法）に対する現時点での評価、および患者の反応と経過

当医院では月に2～3回、札幌より施術者に来ていただき、希望する患者さんに施術をしてもらっています。それ以外に、通常の診療の中で、私が浄波セーバーを使用していますが、こちらから勧めたり強要することはなく、あくまでもその患者さんの意思にまかせ

たま出版の本をお買い求めいただきありがとうございます。
この愛読者カードは今後の小社出版の企画およびイベント等の資料として役立たせていただきます。

本書についてのご意見、ご感想をお聞かせ下さい。 ① 内容について ② カバー、タイトル、編集について
今後、出版する上でとりあげてほしいテーマを挙げて下さい。
最近読んでおもしろかった本をお聞かせ下さい。
小社の目録や新刊情報はhttp://www.tamabook.comに出ていますが、コンピュータを使っていないので目録を　希望する　いらない
お客様の研究成果やお考えを出版してみたいというお気持ちはありますか。 ある　ない　内容・テーマ（　）
「ある」場合、小社の担当者から出版のご案内が必要ですか。 希望する　希望しない

ご協力ありがとうございました。

〈ブックサービスのご案内〉

小社書籍の直接販売を料金着払いの宅急便サービスにて承っております。ご購入希望がございましたら下の欄に書名と冊数をお書きの上ご返送下さい。

ご注文書名	冊数	ご注文書名	冊数
	冊		冊
	冊		冊

郵 便 は が き

恐縮ですが
切手を貼っ
てお出しく
ださい

160-0004

東京都新宿区
四谷4－28－20

(株) たま出版

ご愛読者カード係行

書　名					
お買上 書店名	都道 府県　　　市区 郡　　　　書店				
ふりがな お名前			大正 昭和 平成　　年生　　歳		
ふりがな ご住所	□□□-□□□□			性別 男・女	
お電話 番　号	（ブックサービスの際、必要）	Eメール			
お買い求めの動機 1．書店店頭で見て　2．小社の目録を見て　3．人にすすめられて 4．新聞広告、雑誌記事、書評を見て（新聞、雑誌名　　　）					
上の質問に1．と答えられた方の直接的な動機 1．タイトルにひかれた　2．著者　3．目次　4．カバーデザイン　5．帯　6．その他					
ご講読新聞　　新聞		ご講読雑誌			

て行うようにしています。

これまで、あらゆる疾患の患者さんに浄波良法の施術を行いましたが、年齢や性別、合併症の有無などにかかわらず、多彩な症状で改善がみられました。早く改善する人、多少時間がかかる人と、症状の変化のスピードや現れ方に違いはあるものの、確実に自然治癒力が引き出されていることが窺《うかが》えました。特にガンの患者さんでは、ほぼ100%の確率で何らかの良い効果が現れ、重症な患者さんの場合は、繰り返し施術を行うことで改善の効果が高まることもわかりました。

ただし、注意していただきたいことは、何らかの良い結果が表れたとしても、患者さん個人の想いなどがかかわってきますので、すべてが完全な治癒に至るとは限りません。

施術者による浄波良法の施術と浄波セーバーによる施術とでは、その効果にほとんど違いはみられません。浄波セーバーの使用による例としては、膵臓や肝臓などの内臓疾患のある患者さんに使用すると、非常に症状の改善が早いことが明らかになっています。浄波セーバーの照射エネルギーが、皮膚や筋肉の組織を貫通する力があるからだと思われます。

また、外科的な治療の例としては、ねんざや骨折の患者さんの場合、20分ほど痛みのある患部に浄波セーバーを当て続けていたところ、重度の痛みがすっかり消えてしまいました。即効性の高さは驚くべきものがあります。

数々の臨床例からみても、浄波良法による副作用は現状みられず、どんな疾患であっても、体調不良や体力のない患者さんであっても施術が可能であること、薬や他の医療との同時併用によって相乗効果が期待できることは、大きなメリットだと高く評価しています。

代替医療（浄波良法）を絡めた治療方法をどのように進めていくか

松本先生は「最高の名医は内なる自然治癒力」だとおっしゃっています。この考えには私もまったく同感で、病気を治すのは医者や薬ではなく、本人の自然治癒力以外にはないと思っています。確かに、薬を飲めば一時的に症状が抑えられたり、血糖値が下がったりしますけれど、根本的な原因を取り除くには至りません。ですから、私は、薬の処方は病を治すというより、その作用によって患者さんに安心を膨らませていただく目的のために利用しています。

自然治癒力を高めるという点では、浄波良法の施術を行うことにより、明確な成果が現れています。薬の投与についても、浄波良法を取り入れることで、よりいっそう薬の身体への作用が高まるようです。

浄波良法でなぜ痛みが消えるのか。私の見解としては、疼痛物質が取り除かれたことで痛みが消えるのだと考えています。これは、浄波良法によって細胞の代謝能力が非常に活発になったことを意味しています。その代謝能力を高めているのがミトコンドリアの働きで、全身にわたってミトコンドリアのエネルギーの活性化が進み、それが疼痛物質を除去するほどに活発化することで、短時間に痛みが消えるのではないかと思われます。

よく、子どもが身体のどこかが痛いと訴えた時、母親はその患部に手を当て、「痛いの痛いの飛んでいけ～」とやってあげますが、あのマザーハンドが浄波良法の原点だと私は捉えています。痛みが和らぐのは気のせいでもなんでもなく、実際に手から赤外線が出ていて、それが内部に吸収されて熱に変わり、身体を温めて痛みを緩和しているからなのです。

また、身体の痛んでいる部位やストレスを強く受けている組織というのは、酸化して静電気的にはプラス帯電しています。それを、抗酸化物質で還元するかプラス帯電を解除すれば、ミトコンドリアが活動しやすい状況になるのですが、浄波良法ではおもに酸化してプラス帯電している脳と脊髄に対して、還元と帯電除去が行われていることが考えられます。

速攻で痛みが消えるという点では、浄波良法以外の療法に例がありません。患者さんにとっては、確かな感覚として痛みが消えることで安心感につながり、結果として副交感神経が優位になるため、治療のワンステップとしての効果を発揮しています。

これからの医療の在り方、またクリニックや浄波良法の果たすべき役割

現代の日本における医療の定義というのはきわめて曖昧であり、中途半端なのではないかと感じています。

私が考える医療の定義とは、「患者さんの身体と心の苦痛や不安を小さくし、心地よさや安心を大きくして、生きていることを喜べるようにすること」です。患者さんに優しい

言葉をかけ、寄り添ってあげることで安心が大きくなるのだとしたら、また痛みのある患部をさすることで痛みが和らぐのだとしたら、それは確かな医療と言えますし、逆に不安を大きくするのだとしたら医療ではないと思うのです。

浄波良法や浄波セーバーによる施術を行うと、エネルギーが患者さんの身体に作用して副交感神経が優位になります。それによって深いリラックス状態になり、心地よさが大きくなり、確実に安心感をもたらします。浄波良法を信じる、信じないにかかわらず、どんな方にもそれは起こります。私の定義を基本とすると、まさしく「浄波良法は医療である」ということになるのです。

私たちが生きるうえで大切な、「息（呼吸）食（飲食）動（運動と休息）想（想念）」という四つの行動がありますが、これらが健康状態を左右するとも言われています。自分が心地よいと感じる深い呼吸や、バランスのとれた適量の食事を心がけ、身体を適度に動かしてしっかり睡眠をとること。精神面では良い想いと言葉を意識し、与えられているものすべてに感謝して過ごすこと、これらがミトコンドリアの活性化につながります。日常のちょっとした心がけ次第で、自然治癒力や生命力が高まり、健康的な毎日を送ることができます。

私は患者さんたちに対し、薬以上に言葉の処方箋が大切だという想いから、「息食動想」を意識して過ごすようお伝えしています。どんな方でも病気になったことには意味があり、身体が発する何らかのメッセージにご自身で気づいて、より良い生き方に向かう努力をすることが、何よりの治療につながると考えるからです。患者さんの不安を取り除き安心感を与えながら、病気の原因に本人が気づけるよう、時には待ってあげる姿勢も大事です。

当医院では、薬の処方や言葉の処方箋に加えて、必要な場合には低周波や超短波で痛みや腫れを制御したり、患者さんの希望に応じて浄波セーバーで自然治癒力を高めることをしています。それらの相乗効果を得て、確かな結果につながっています。

このような総合的な医療においては、つねに患者さんのニーズに合わせて適切な治療法を提案していくことが大事だと考えています。浄波良法は病に苦しむ多くの方の助けになり、また健康を維持するうえでも活かされることでしょう。今後も浄波良法と共に、患者さんのために歩んでいきたいと思います。

浄波良法への道
原作：須山奈緒子
画：金子美由起
※この物語は事実に基づいており、登場人物の名前もすべて実名です。

浄波良法
私は須山奈緒子浄波良法の施術師です
こんにちは初めての方ですね
ご記入いただいたアンケートによると……
肝臓癌5年入退院して抗癌剤治療を受け　進行は止まっているが完治せず
顔色がすぐれず食欲不振疲れやすくだるい
じいい

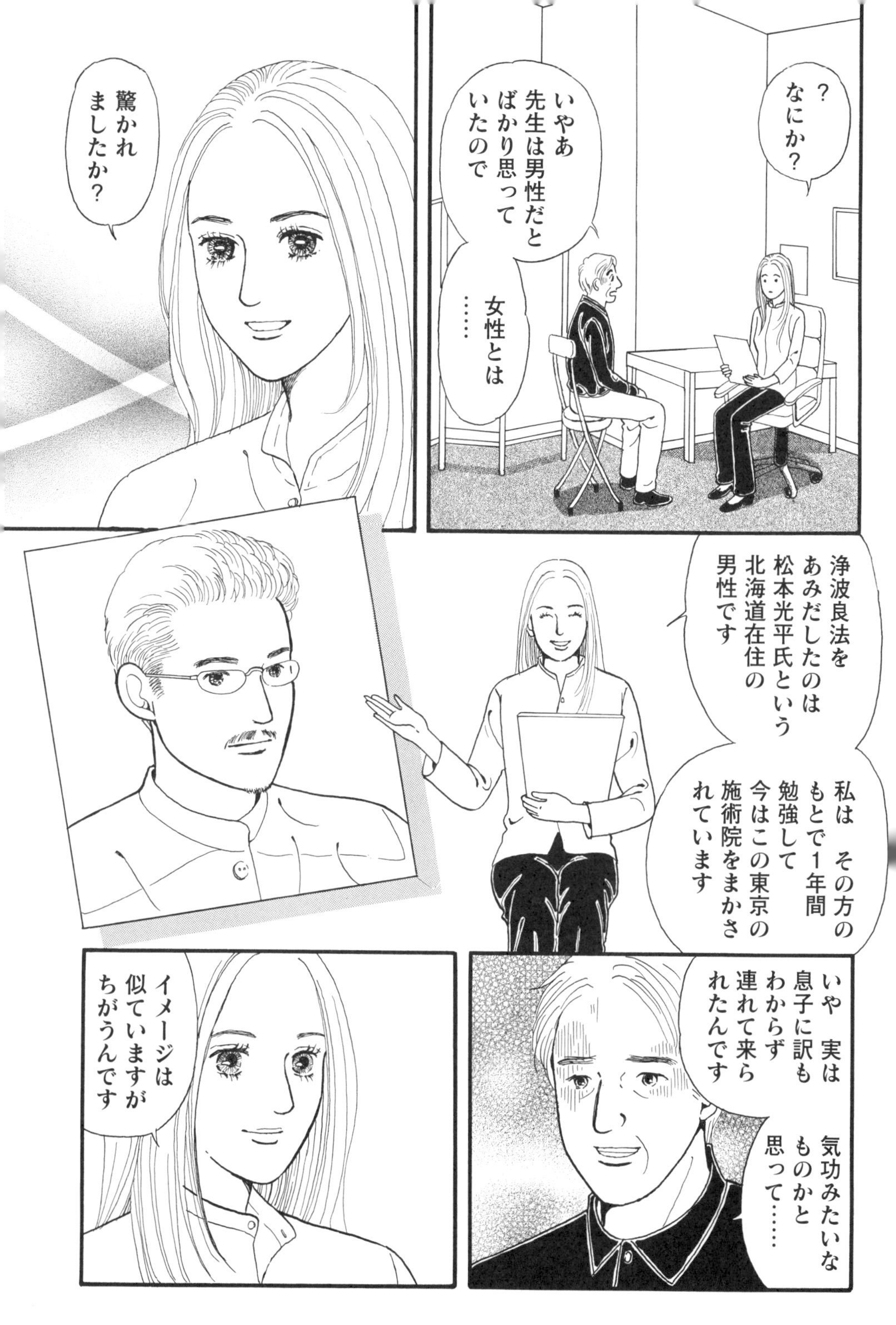
？なにか？
いやあ先生は男性だとばかり思っていたので
女性とは……
驚かれましたか？
浄波良法をあみだしたのは松本光平氏という北海道在住の男性です
私は　その方のもとで1年間勉強して今はこの東京の施術院をまかされています
いや　実は息子に訳もわからず連れて来られたんです
気功みたいなものかと思って……
イメージは似ていますがちがうんです

浄波良法とは
誰もが持っている
自然に治す力
自然治癒力を
高める良法です
ですから
私や松本先生は
スイッチであって
ご自身の
自然治癒力が
主役なのです
ここの骨
これを仙骨と
いいますが
仙骨
これを動かすと
体全体の骨が連動して
動くんですよ
仙骨がないと
人は生命を
維持できないと
言われるほど
重要な骨
なのです
松本先生は
この仙骨が
自然治癒力を
司るところと
考え
宇宙円光
エネルギーを
直結させる良法を
あみだしたのです
宇宙円光
エネルギー？
肉眼では
見えませんので
施術を受けて
体感して下さい
まず
多くの方は
押すと痛い所
（圧痛点）が
あります
病気と診断される
前からあらわれる
ものです
ギュ
痛っ

圧痛点にポイントシールを貼っていきます
肩を良法するわけではありませんが施術後にどう変化するかを分かりやすくするためです
そこはあまり痛くないです
ギュッ
押して痛い所と痛くない所があるということは痛い所は身体のどこかのバランスが崩れているという確認ができます
ではお立ちいただいて目を閉じて下さい
仙骨は仙人の骨と書くように潜在能力が眠っていると古来より伝えられ重要視されてきました
浄波良法はこの仙骨の働き(目に見える働き見えない働き)を目覚めさせるために
宇宙円光エネルギーを直結させていきます

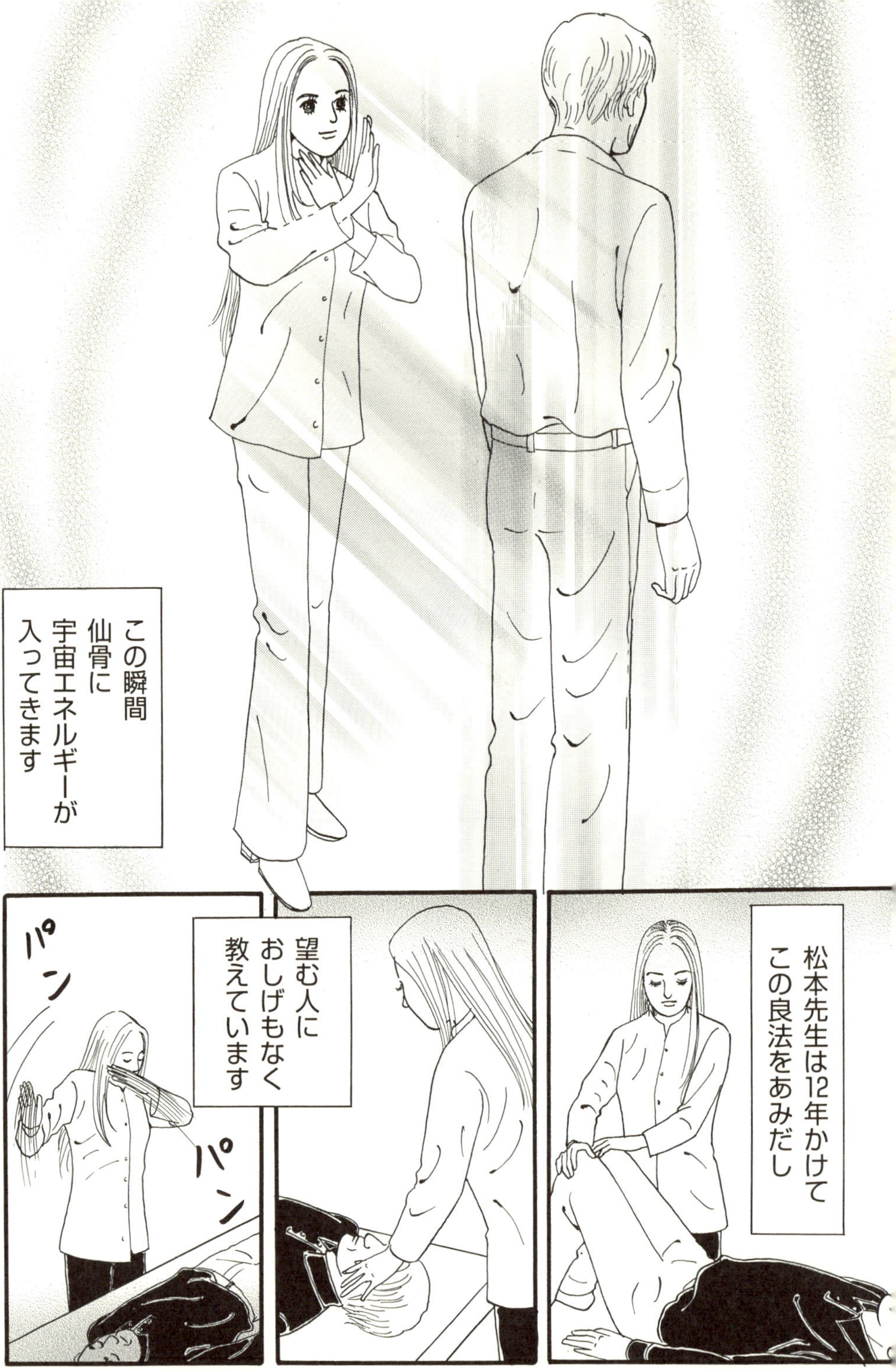
この瞬間
仙骨に
宇宙エネルギーが
入ってきます
松本先生は12年かけて
この良法をあみだし
望む人に
おしげもなく
教えています
パン
パン

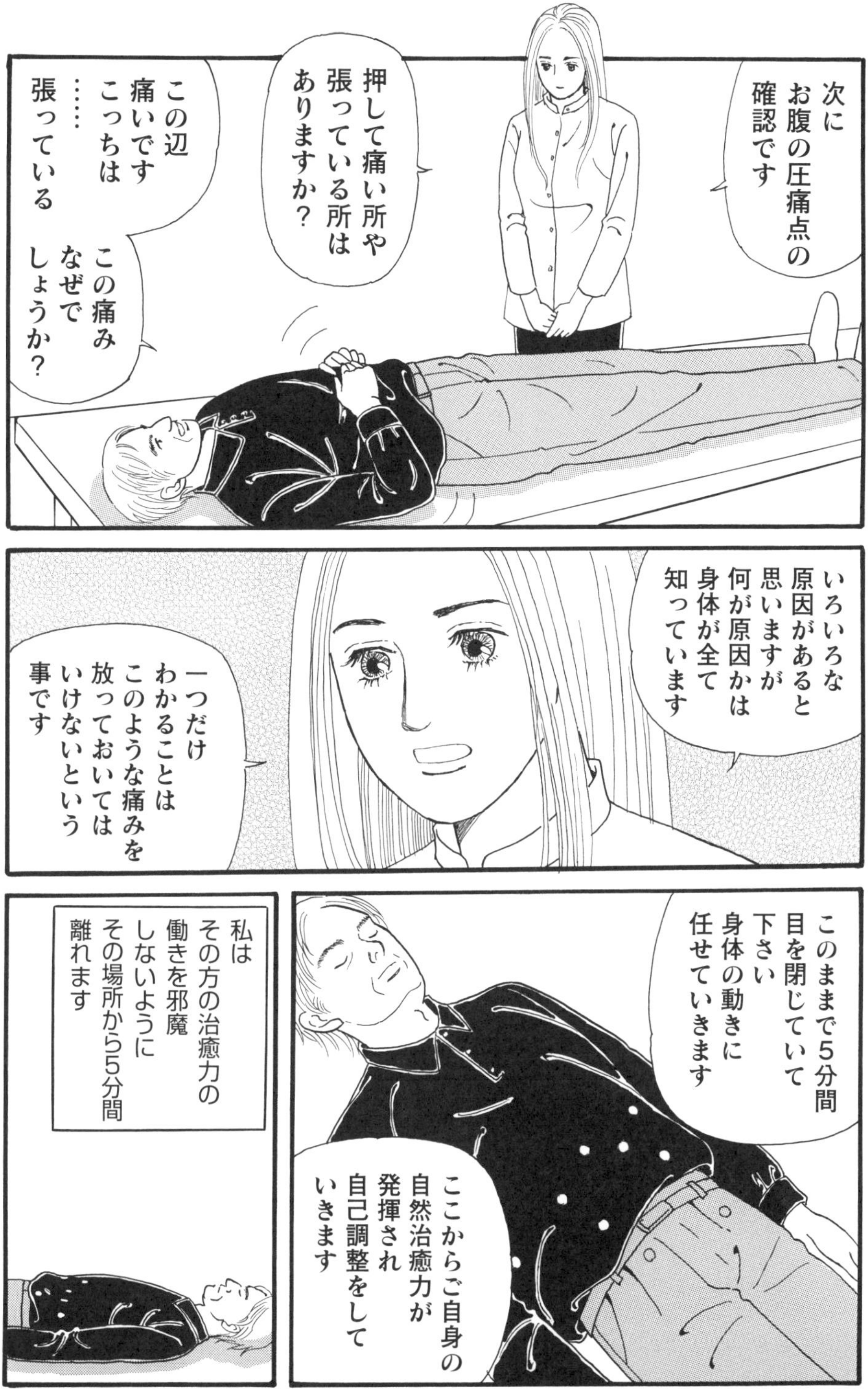
次にお腹の圧痛点の確認です
押して痛い所や張っている所はありますか？
この辺痛いですこっちは……張っている
この痛みなぜでしょうか？
いろいろな原因があると思いますが何が原因かは身体が全て知っています
一つだけわかることはこのような痛みを放っておいてはいけないという事です
このままで5分間目を閉じていて下さい身体の動きに任せていきます
ここからご自身の自然治癒力が発揮され自己調整をしていきます
私はその方の治癒力の働きを邪魔しないようにその場所から5分間離れます

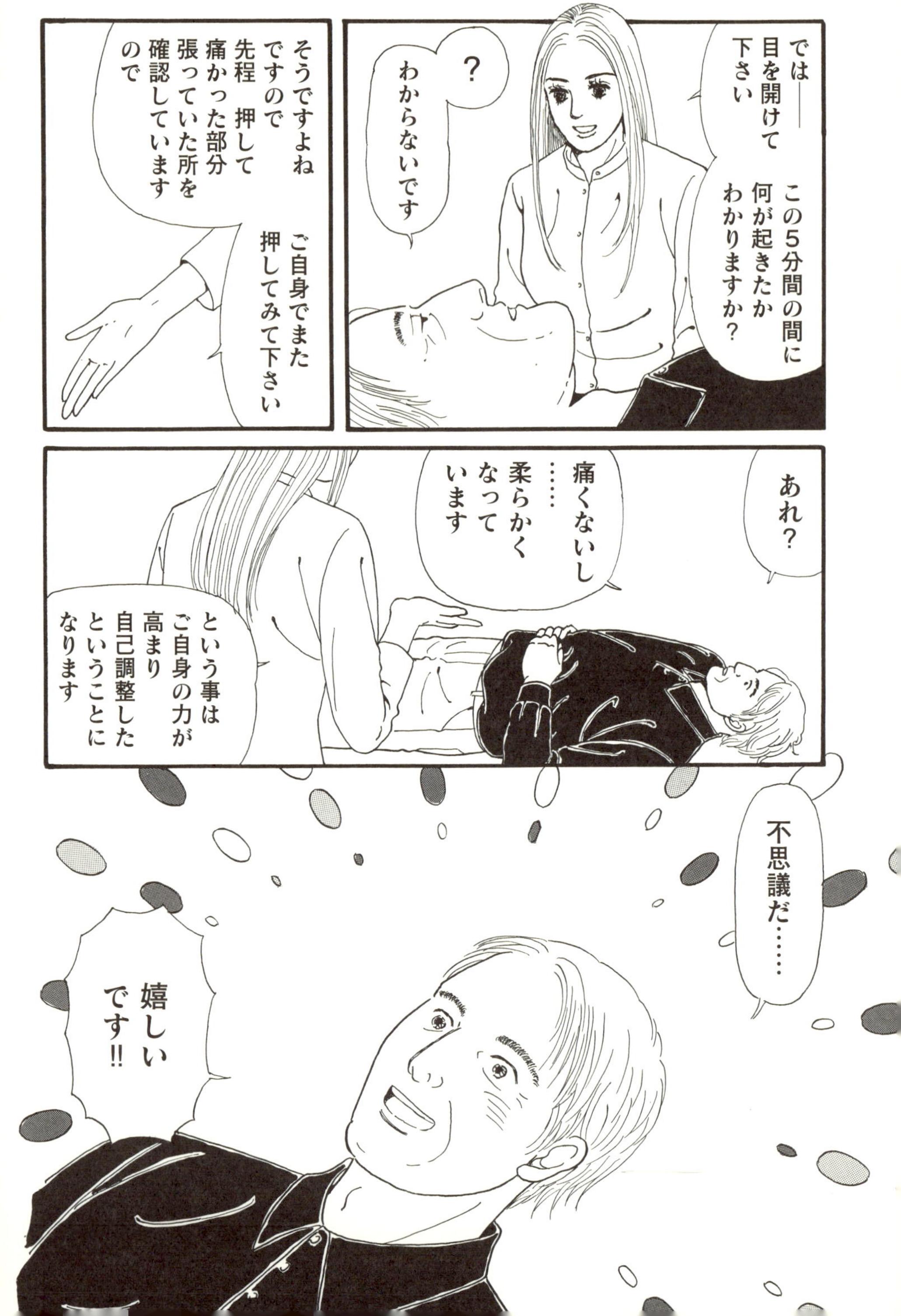
では――目を開けて下さい
この5分間の間に何が起きたかわかりますか？
？
わからないです
そうですよねですので先程　押して痛かった部分張っていた所を確認していますので
ご自身でまた押してみて下さい
あれ？
痛くないし……柔らかくなっています
という事はご自身の力が高まり自己調整したということになります
不思議だ……
嬉しいです!!

はい ではこちらに お座り下さい
肩口でも圧痛点を 調べていますので 先程よりも強く 押していきます
少しでも 痛かったら おっしゃって 下さい
ぎゅ
痛い ですか?
……痛くない です
そこも 痛くないです
どこも 痛くない
全ての 圧痛点の 痛みが なくなり ましたね
今度は首を 回してみて 下さい
ぐるり
……
さっきより ずっと 軽いです

このように圧痛点が消えたり首を回して軽くなっているということは
身体は良い方向に向かっているということが言えます
そして大切なのは私が側にいない環境でこれだけの圧痛点が消えたという事です
ご自身の自然治癒力が引き出されそれだけの力を発揮したのです この力が身体を治してゆくのです
しかし今まではこういった圧痛点（バランスの乱れ）の原因を放っておいたわけですからそれらがだんだんと蓄積していきます
原
原因
原因
原因
原因
原因
原因
原因
病気
原因
原因
そしていつしかそれらが症状となって現れてきます
今まではその症状に対して何かして症状を消してきたのです
よくなった
注射
サプリ
薬
体
病気
原因
原因
原因
これからはそうではなくご自身の治癒力を引き出し、自分の力で原因を消していくのです そして、身体を良い方向に向かわせていくのです
私はその手助けをしていきます

お大事に
ありがとうございました
親父!!
どうだった? あれ? 顔色よくなったわね
ああ 不思議だが身も心も軽くなったよ
それにしても受けに来る人が多いんだな
早めに次の予約を取ろう
山田さん お久しぶりです 3ヶ月ぶりですね お加減いかがです?
当初 私が担当する日は全く人が来なかったり多くても5名程度だったのが
それから2年後の今では来る人の数も増えたくさんの人に浄波良法をすることが出来るようになりました
だいぶ調子はいいんですが念のため

浄波良法との出会いは今から3年半前知人からいただいた松本先生の1冊目の著書でした
波動良法で自然治癒力を引き出す
松本光平
Matsumoto Kohei
その頃私はエステサロンの店長として勤めていました
小さい頃から人に何かしてあげるのが好きだった私は
できた!!
わーっなおちゃん上手!
女性をキレイに見せるお仕事がしたいと思い
流行のコスメ
美容の世界へ進むと決めました
20才の時　当時語学留学でカナダに住んでいた私は――
バンクーバーのヘアメイクの学校に入学しメイクの勉強をしました

バンクーバーは
ハリウッド映画の
撮影が盛んに
行われる所で
私が入学した
学校は　一流の
ヘアメイクアップ
アーティストを生む
厳しくて有名な
学校でした
そこを卒業後
メイクの技術だけ
では物足りないので
今度は美容師
専門学校へ
入りました
卒業後
資格をとり
カナダと日本で
ヘアメイクアップ
アーティストとして
活動をして
いました

あ……
ニキビ ひどいでしょう 胃腸の調子が 悪くて かくせるかしら
やって みましょう
今日は撮影が 長引いて 1日中メイク しっぱなし
ひどい肌 なんとか ならない?
コンシーラで なんとか……
肝臓が弱っ ているって 医者に言われ たの お酒の せいかしら
毛穴を目立た なくできる? 最近ハリも なくなってきて
便秘だし いやになっちゃう
かくす技術や 良い製品は あるけれど
キレイなお肌は 内臓の働きが 深く関わって いるのね
体の中から キレイ
○○○エステ
メイクも いいけど キレイな肌に するための 勉強をしたい
そこで ヘアメイクの 活動を一時休止し エステサロンに勤める ことにしました

そこでは
内臓の働き
肌の働き
身体のしくみ
などを
学びました
美しい肌や
身体のラインを
保つには
体の内側　内臓
からキレイにする
ことがとても重要
であり
食生活が
もたらす影響
生活習慣の
大切さなど
少しでもアドバ
イスできればと
勉強し　実践し
ていました
生活習慣？
それを
変えられたら
ここには
こないですよ
とにかく
やせさせて下さい
おまかせします
ご自分の
身体なのに
人まかせ……
このシミさえ
消して
もらえれば
食生活から
見直さなくとも
表面だけの
美にとらわ
れている
それが悪い
わけでは
ないけれど
私は……
美しさの真の
意味をはき違え
ていたのでは
ないかしら……
自分自身の
意識が
そうだから
来られる方を
通して
何かを教え
られたのかも

人の美しさはその人の内面から自然とにじみ出るもので
そこから生まれる意識の高さにより行動が変わり
結果として表面に目に見える形で現れるのでは……
内面とは精神……心だ!!
多くの方に精神的美しさ強さを得てもらうために私はどんなことを学べばいいんだろう
何が出来るんだろう…………

お寺での修行をすればいいのかな……
じゃあ　お寺に行かなくては
それとも人間の心と体の両面から目覚めさせていくと言われているヨガのようなものがいいかな
そしたら私はインドまで行かなくてはならない
カナダの次はインドかと笑われるかもしれませんが一生懸命考えた結果がこの二つだったのです
自分のしたい事としている事の差が広がっていく……
これではお客様にも一緒に働いているスタッフにも申し訳ない
このままでは何も始まらないし……
次に何をするかも決めていないまま私は思いきって仕事を辞めたのです

そんな時
縁あって
松本先生の本に
出会ったのです
波動良法で
自然治癒力を
引き出す
松本光平
Matsumoto Kohei
本をいただいた
その日に
夢中になって
あっと言う間に
読んでしまい
ました
松本先生の
生家は曹洞宗の
お寺で
高校生の時は
野球に励み
高3で
ボクシングに
転身し
きつい
トレーニングに
打ち込んで
いました
そのため
肩を脱臼して
しまい
それが慢性化し
色々な病院に
行くのですが
治らず
整形外科
鍼灸
カイロプラ
整体
結局
東京の病院で
外科手術を
受けます
60針も縫う
大手術の後
激痛で目覚め
痛み止めの薬を
服用しつづけ
そんな時
松本先生は
不思議な
体験をします
幽体離脱です

なんてことだ体が悲鳴をあげているのに
自分の体は自分のものであって自分のものではない
生命を活かしきるための器であり大いなるものからの借りものなのだ
これからは大切にしていこう
うっう
その時から先生は自分の肉体の声を聞けるようになり
漠然とではありましたが人を癒す道に進もうと思ったのです
その後大学を辞めアルバイトを転々としたのち
お父様の意向でお寺を継ぐため永平寺の特に厳しい別院に修行に行きます
修行中 時々一般参拝者に病気の相談をされる事があり
現実に人を救いたいと強く思い修行終了後東洋医学の学校に進みます

病気を根本的に治す療法を求め三つの東洋医学の学校を卒業しますが
理想の治療法に出会えず断念してお寺を継ぐことにしました
しかし独自の療法をあみだそうと今度は独学で修行を始めます
そんなある日朝の3時頃就寝中に先生はまたも不思議な体験をします
強い磁気を持って右回りに回っている光が顔に入ってきて
その直後光の円が二つ両肩から身体をつたい足首まで行って消えたのです
それに似た不思議な事がたびたびあり
このような数々の霊的体験をヒントに　先生の浄波良法が完成したのです

私は人間の身体は完全にできていると見ています。人間の身体は計り知れないほど緻密にできています。
肉体がいかに素晴しいかを認めてあげることが大切です。そうして
自分の内にある治癒力である。一番の名医は
波動だとか
円光エネルギーなど
今まであまり
関わりのなかった
言葉がたくさん
あったにもかかわらず
しかし、自然治癒力を発現する場を長らく取り上げられたせいで
病気を治すことができるのは、自分だけです。お医者さんや薬は、そのお手伝いができるだけなのです。
先生の一言一言が
身体の中に
すうっと入ってきて
すとんと落ちてゆく
感覚がありました
浄波良法は宇宙エネルギーと体内エネルギーを合致させるのでその結果、身体はいつも整へなります
相手の波動圏に合わせることができると、私自身の波動を「ゼロ波動」に持っていきます。そして宇宙エネルギー
物事に困った時、進むべき道は……
外にある力を求めるのではなく
内にある力を求めよう……
それは自然治癒力……
消し去るものでした……

私……小さい頃から幽霊を見ることが多かったから
目に見えないものでも存在するっていうのはなんとなく感じてはいるけど……
しかし 外にある目に見えないものではなく内にあるもの そしてそれは完全にできている
だからそれを磨きましょうという言葉はとても衝撃的でした
私が求めていたのはこの内在する完全なる力を磨くということだったのではないかしら
まずは先生にお会いしなければ！

私は早速良法を受けに行きました
無駄な物が一切ない空間……
よろしくお願いします
どうぞお座り下さい
アンケートに記入をして松本先生の簡単な説明を受け　施術に入りました
目を閉じているので何をどうされているのかはわかりませんが

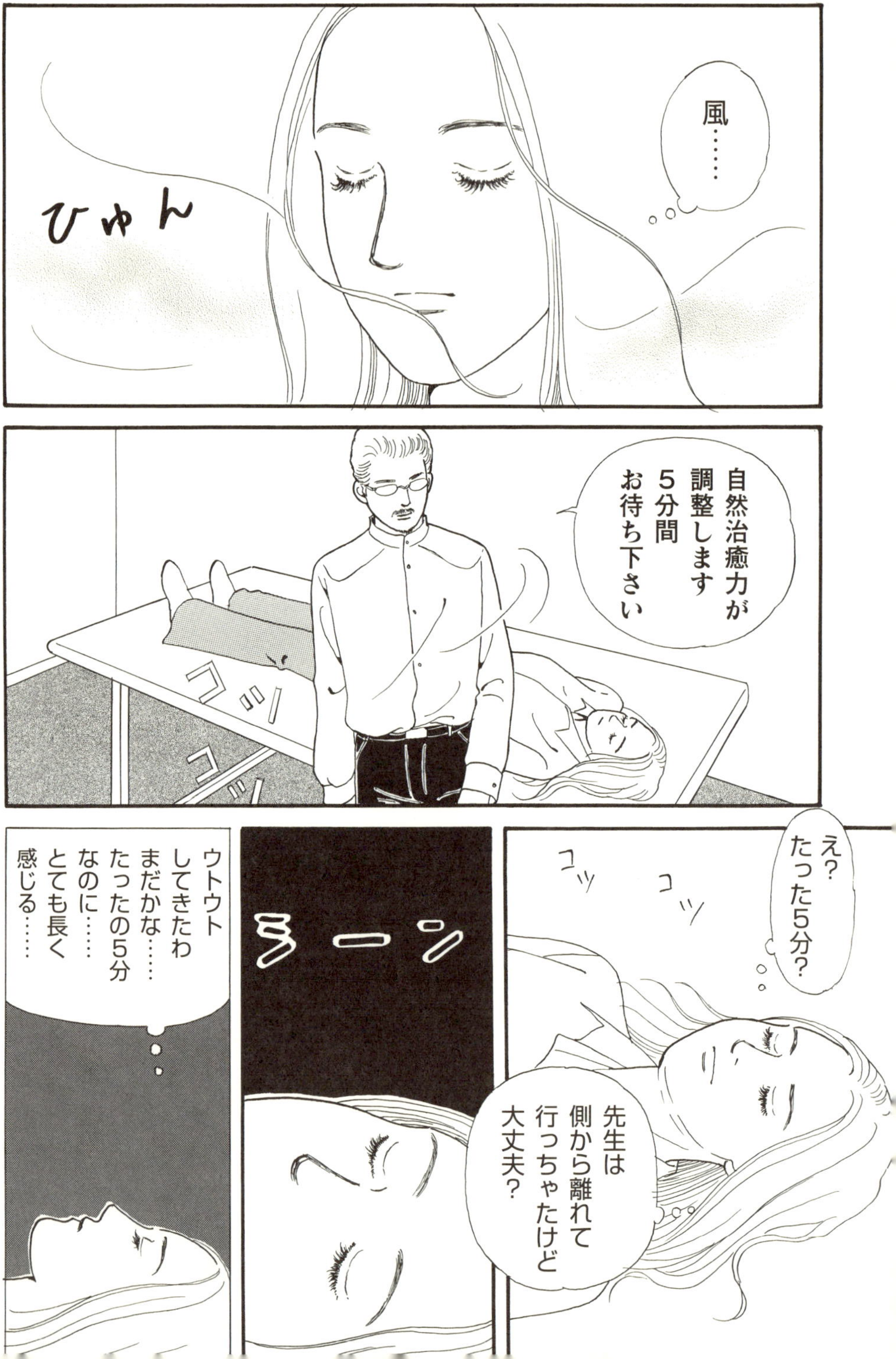
風……
ひゅん
自然治癒力が調整します5分間お待ち下さい
コッ
コッ
え？たった5分？
コッ
コッ
先生は側から離れて行っちゃたけど大丈夫？
シーン
ウトウトしてきたわまだかな……たったの5分なのに……とても長く感じる……

山田さん 5分経ちました 目を開けて下さい
調子いいと思っていたけど受けに来て良かった
首が軽く動かせるし少し張っていた背中もスッキリです
この良法を受けるとほとんどの方が1回の施術でこのように体感するのですが……
ありがとうございます
私が最初に受けた時実は……あまり体感できませんでした
今 考えると何故だったかよくわかります
それは 私にこれといった辛い症状がなかったから体感しにくかったのではないのです
私は過去にさまざまな種類の薬を服用し
手術も2度受けマッサージなどをたくさん受けてきました

若い頃の生活習慣食生活も自慢できるものではありませんでしたから
(原因)マイナスエネルギー
マイナスエネルギー
(原因)マイナスエネルギー
マイナスエネ
イナスエネルギー
マイナスエネルギー
自然治癒力
自然治癒力の働きを邪魔するものが蓄積されて身体の動きが鈍かったからなのです
動きが緩慢になっていますね
?
その場ではその意味がよく理解できていませんでした
先生 私先生の弟子になって浄波良法を体得したいのですが……
特別な人しかできないものなんでしょうか?
誰でもやる気になればできると思います
理解できていなかったにもかかわらず私は札幌で勉強をさせてもらう事になりました

お父さんは反対だ!! そんな わけのわからない事を習いに
北海道で生活するなんて……
浄波良法? そんなの信じられない 私も反対よ
嘉揚《よしあき》だって不信そうだったわよ
嘉揚とは私の兄です 同じマンションの下の階に住んでいます
兄はこの良法に特に関心を示しませんでした
どう思う?
……別に……
私だって半信半疑の部分があるのよ
家族の反対を押し切ってまで行く事もないかな…… でも……
とにかく!! 行ってみようと思うの
そして何か違うなと感じたら帰ってくればいい
準備がとんとんと進み
札幌にアパートを借りる手配まで済みました
反対されていたのに不思議と全てが決められていたかのように整い

気をつけて
見知らぬ土地での生活が始まったのです
札幌での勉強は全て新鮮で衝撃的なものでした
浄波良法
良法を受けた方が帰られる時はそこの入口までお見送りし
そしてその方の魂に向かってお辞儀をしなさい
魂に向かって……
はい!!
圧痛点の他に痛いところはありますか？
とにかくひどい風邪で熱もあるから節々が痛くて

自然治癒力が
調整します
5分間
お待ち下さい
痛く
ないです
ギュ
節々も
痛くない!

RRRR
先日
施術していただいた
中村ですが
松本先生
いらっしゃいますか
先生は今
施術中
ですが……
では
お伝え下さい
先日ひどい風邪で
受けたんですが
翌日には
すっかり熱が
下がって
楽になりました
ありがとう
ございます
全身が
激しい痛みで
きちんとした
睡眠をとれて
いないんです
浄波良法は
どんな症状を
持った方が
来られても
一つの施術
方法を使います

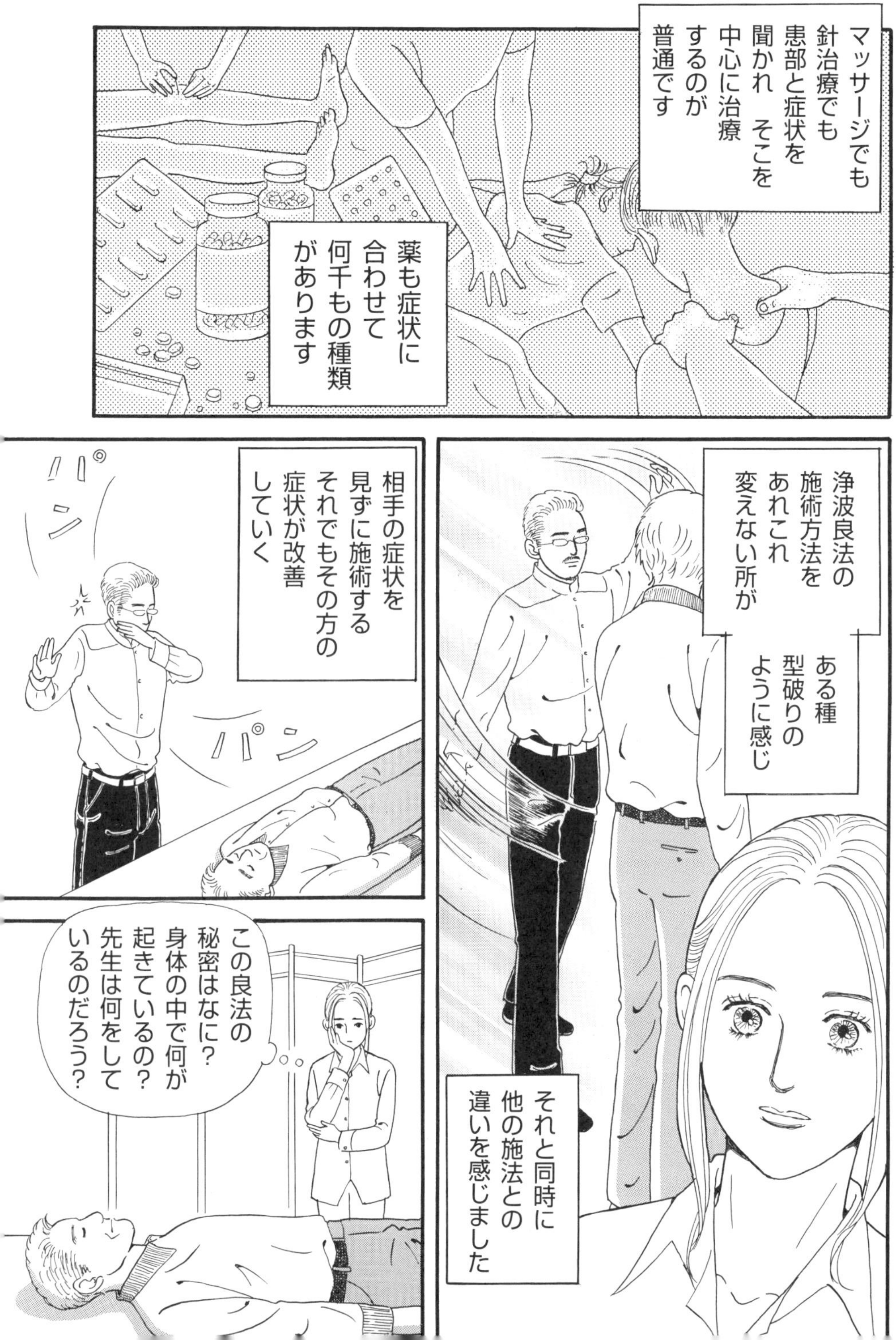

マッサージでも
針治療でも
患部と症状を
聞かれ　そこを
中心に治療
するのが
普通です
薬も症状に
合わせて
何千もの種類
があります
浄波良法の
施術方法を
あれこれ
変えない所が
ある種
型破りの
ように感じ
相手の症状を
見ずに施術する
それでもその方の
症状が改善
していく
パン
パン
それと同時に
他の施法との
違いを感じました
この良法の
秘密はなに？
身体の中で何が
起きているの？
先生は何をして
いるのだろう？

え……あれ？ い……痛くない 痛くないです 先生！
首も 無理なく 動く
先生！ すごい
浄波良法に 惹きつけられる 事の連続でした
ご自身が 持っている 自然治癒力を もっと信じて あげては いかがでしょう
もともと そういった力を お持ちだった ということ ですから
身体中が しびれて 家事すら ままなら ないんです
この良法を 側で見せて 頂いていると ほとんど 身体に手を 触れず
側にいて 何かをずっと している わけでもなく
シンプル過ぎて 冗談のよう

それに反して圧痛点はなくなり
しびれがなくなりました！
先生ありがとうございました
来られた時とはまるで別人のような表情をして帰られる方たちばかりでした
ご自身の持っている力を信じてあげて下さい
もともとそういった力をお持ちだったということです
……
先生は常にこうお声をかけていました
RRRR
あ……先日全身の激しい痛みのため不眠症とのことでいらした手塚さんですね
いやあ何年かぶりにぐっすりと眠る事が出来ました
本当にありがとうございました

私自身も札幌で勉強中頻繁に良法を受けさせていただきました
須山さん5分経ちました
どう？
……先生……
まだ奥の方に痛みがあります
私はずっと変わらないままなのかな……
痛みを消すのが目的ではありませんし　毒素は少なくなってきているはずです　根気よくやっていきましょう
留学中私は自分の身体をどう扱ってきたか思い返しました
POTATO CHIPS
まだ学生だったしこれといった辛い症状もなかったので健康を過信し甘えて生活していたのだと

でも―― 浄波良法を 受けてから2ヶ月 くらい過ぎた頃
どう？
!!
痛くない です!!
先生
首も軽く なりました
自然治癒力が 緩慢になっていた 原因をだいぶ 消し去ったんだ
これからも 一緒に頑張ろう
体感できなかった 時でも身体には きちんと変化が 起きていたの ですね！
受ける回数が 増えれば 増えるほど
身体に 申し訳なく 思います

私は長い間酷い生理痛に悩まされ痛み止めの薬を毎月飲んでいました
生理痛は病気ではなく体質であり治るものではないと思っていました
効かないもっとのもう
ヨロ
そろそろ薬変えよう……
ところが浄波良法を始めてから半年後——
おかしいなあ全く痛みがないのに生理がきた
どうしたんだろうかえって不安……でも
パタン
浄波良法で自然治癒力がアップしたから？
生理痛って治るんだ
それ以来痛み止めの薬を飲む必要がなくなり薬の副作用の心配もなくなり
憂うつだった気分が嘘のようです
14時に予約の○○様ですね
アンケートにご記入お願いします
身体は四六時中働き可能な限り身体を良い状態に保とうとしてくれています

これほど自分の為だけに働いてくれている存在が他にあるだろうか！
これからは出来る限り身体の声に耳を傾けいたわり……
感謝していこう‼
自分が目を向けていないだけで身体は常に良い方向へ向きたいと頑張ってくれています
自然治癒力の働きによって身体の修復作業が24時間おこなわれています
その働きを浄波良法は手伝います
側で見ていて自分が体験してそれが確認でき
多くの人が受けられればいいのに
——と純粋に感じました

やっぱり習いに来て良かった
私にはまだまだ学ぶべきものがある!!
そう思うと胸が高鳴りました
先生は何か特別な能力……を持っているから出来るんですね
いえいえ
浄波良法は施術者の力が関与せず目に見えないエネルギーによってその人の波動を浄化し
自然治癒力を中心にその人の生命に任せるのです
ですから　誰がやっても同じ効果が得られるのです
そうよね　皆そう思うわよね…………私に出来るようになるのかしら……
誰でもやる気になれば出来ます
とにかく今やれる事は全てやろう!!
自分を信じよう

施術院で勉強を始めたその日から
身体を使って実技がありました
まず
相手の仙骨を捉え　相手と一体となる練習です
最初は全く何がなんだかわからずされるがままという感じでした
院終了後や空き時間にもこの練習は毎日続きました
どれだけ自分が自然治癒力と共鳴できるか理解力の深さが大切です
私と同じく勉強している仲間と一緒に畳の部屋を借りて本格的な実技も始まりました
全身の気をひとつにして相手と一体になるのです

一体 一体
言葉じゃなくて感覚ね
先生は瞬時にできるのね
あっ……部屋にカギかけたっけ？
そうじゃなくて！もう〜〜〜
はい そこまで 須山さん どう？
先生——
ダメです 難しくて…… どうして出来ないのでしょうか
——今は出来なくて当然です
少し休憩して繰り返し練習しましょう
出来るまでやるのです
先生の叱咤激励の中——
ようやくこの実技の意味が見え始めました 浄波良法は一瞬で施す施術がゆえに奥が深いのだと感じました

この練習は今現在も勉強会や普段の生活の中で続けていますが
やればやるほど先へ繋がってゆくと感じます
——まったく腹立たしい事ばかりですよ
現代はストレス社会だからしょうがないですね
いえいえ病気の人は特にストレスを放っておいてはいけません
怒り、悲しみなどの感情の乱れとストレスは人間のエネルギーの流れを激しく阻害し滞らせます
それが 免疫をはじめとする自然治癒力を弱らせるのです
そうなると常に身体に入ってきている病原菌が増殖し、病気になります
浄波良法は身体の中心から自己治癒力を引き出し、流れをつくるので滞った箇所が解消されるのです
そういえば私……年中怒っています自業自得ですね
良法を受けて波動が高まると自然と考え方も変わっていきます
自分を責めず長所を伸ばすようにして下さい
浄波良法でも病気細胞（短所）を相手にしていません
十分に活動できていない素晴しい細胞（長所）を引き出して病を消しているのです

薬で一時は良くなったのですが　今は効かなくて
何件も病院を廻ったのですが治してくれるお医者さんがいないんです
病気になったら医者に行くのはあたりまえですが……
病気を治せるのはご自身の治癒力だけです お医者さんや薬はそのお手伝いが出来るだけです
先生、確かにお腹を押すと痛いですが……普通そういうものなんじゃないですか？
身体は声に出して異常を告げられないですよね
押すと痛いというかたちで訴えているのです。それでも本人が気づいてくれなければ
いよいよ本格的な病気という強烈なメッセージを発するわけです
施術院での松本先生のお話は全て自然治癒力につながるもので——
台風直撃ですね
ビュー
——宇宙はすべてが調和するために動いています
雨が降り、台風が来るというのも蒸発して失われた地上の水分を元に戻し気圧を一定に保って空気の汚れを一掃するためです
肉体も同じで悪いものをキレイにするための浄化作用として現れるのが本来の病気です

一見嫌な現象も深いレベルで考えればよい現象なのです
そういった理解力がないと痛い思いをし苦しまねばなりません
そこで浄波良法により宇宙エネルギーを降ろして固まって動かなくなっている細胞
充分に活動できていない細胞の目を覚まさせ浄化のお手伝いをするのです
川を想像してみて下さい滔々《とうとう》と流れる川の水は美しいですよね
しかし、流れのない淀んだ水は汚れが蓄積してついには腐ってしまいます
淀んだ水の汚れをいくら取り除いてもしばらくするとまた汚れがたまります
病気も同じで汚れである病気を治しただけで(対症療法)心身の条件が同じであればいずれまた再発するのです
汚れを取った後流れるようにしてあげれば水は浄化作用で美しくなっていきます
身体も自然治癒力で病気を治した後に、その力を維持し強化すれば再発する可能性は少なくなるのではないでしょうか
身体を使っての練習先生と来院された方との会話自然治癒力というものに対する理解力いろいろな角度から勉強していきます

私は過去に2度大手術を経験しています
最初に原因不明の痛みに襲われたのは中学3年生の時でした
ん?どうした須山?
お腹がさっきからすごく痛くて……
保健室
ひどい痛みだったためそのまま救急で病院に連れて行ってもらいました
内科と婦人科どちらにも診てもらいましたが原因がわからず
○○医院
内科・産婦人科
痛くなったら痛み止めを飲み検査のために病院へ通うという生活をしていました
痛み止めの薬持った?
しばらく痛くないからもう大丈夫みたい……
病院にも行かなくていいわ
結局　最後まで原因はわからずまた元の生活に戻っていきました

2度目の痛みは高校3年生の頃
ワイ ワイ
うっ
い……痛い……
へな へな
須山さん？どうしたの？
先生── 須山さんがお腹が痛くて動けないって
次の授業が始まるのに……迷惑かけちゃって……
大丈夫よ とりあえず横になってみたら…
しばらく横になっているとだんだん痛みが消えていきました
それから数日後外出先でまた同じ状態になりました
しばらくじっとしていれば平気よね
私は痛みを安易に考えていました
今思えば 私の身体が何かを発信していたのは明らかです 1回目の検査で原因不明だったのでこういう体質なのだと思っていました

しかし痛くなる頻度が増えて来たので病院に検査を受けに行くと
もっと大きな病院に行って下さいと言われ
卵巣に嚢腫《のうしゅ》が見つかりました即手術して子宮を全部摘出する必要があるでしょう
全部摘出!!
これが18才の時でした
悪性（癌）の可能性も考えられます開腹してみないとどれだけ摘出しなければならないかはわかりませんが
10代の方がこの手術をするのはこの病院では40年ぶりであまりないケースです
この病気についての知識もなく検査を受けた日から2週間足らずで手術をする事になりました
私も同じ病気なのよでも　私は50代あなた若いのに
私は40代なのもう子供は生んだから卵巣全摘は覚悟したけどあなたはねえ
身体に嚢腫《のうしゅ》は不必要ですから放っておく訳にはいかないです早く取ってもらわないと……
自分の身体になぜこのような症状が現れたかなど
考えもしませんでした

幸い、子宮全摘出ではなく右側の卵巣のみの摘出だけで済み左側の卵巣と子宮を残す事ができたから子供も産めます
二つあった卵巣が一つになったのだから……生理は2ヶ月に1回しか来ないいんですか？
フフフフ ちゃんと毎月きますよ
自分の身体なのにわからない事があるものだな……
笑われちゃった
術後はまともに動けず鼓動と連動して身体に響く重い痛み麻酔後の吐き気
吐き気を催した時にかかる圧力でお腹の傷が引きちぎれるような痛み
笑うにも咳をするにも傷口が痛く
いっ…いたい
コンコン
痛っ いたたた 傷口が……
大丈夫？
普段の何気ない小さな咳でもお腹や背中の筋肉を使っているのね 身体ってすごいね

2回目の手術は
それから
10年後のことです
その2年前
毎年受ける定期検診で
残っている卵巣が
だんだん大きくなって
いる事は知っていました
今の医療では
成長を止める
ことも　小さく
することも
できま
せんし
原因も
わからない
のです
これ以上大きく
なったら子供を
生むのが難しく
なってしまう
ところまで
育つのを待って
手術しましょう
卵は育つ性質が
あるため
知らない間に
大きくなって
嚢腫《のうしゅ》になるの
です
特にあなたは
そういう体質
なのです
それから、手術
するまでの2年間
その卵巣嚢腫《のうしゅ》を
自分でどうにか
小さくする事など
考えもしません
でした
生活を改める
こともなく
普段の生活を
続けました
その時は
体質だから
仕方ないと
捉えることしか
選択肢になく
本当は病気とは
何なのか
何故自分が病気に
なったのか
そして2度も
同じ病気に
なった意味
そこから自分は
何を見いだす
のか……
ポン
体質だと終わら
せるのではなく
この経験を次に
どう生かしていくか
という事が大切だと
浄波良法を体得
してからわかった
のです

1度目の手術で悪い部分を取ってしまったからそこで終り＝治ったと思っていました
特に何も気をつけずそれについては何も考えませんでした
ふう…
早く体力が戻ればいいいな
傷口はきれいになるのかな……
そうして10年後まったく同じ病気になりました
2回目の手術は医療も進み術後はずっと背中に管が通され
痛みが出た時自分でスイッチを押せばそこから直接脊髄に痛み止めが入るようになっていました
それでも何をするにも痛みがついてくるので毎日辛く疲れました
トイレに行くにも行きたいと思う15分前には動かないといけません
そろり
そろり
スタ
スタ
普通に歩けるってどんなに有り難くて幸せな事なんだろう
笑う事も出来ず寝返りをうつにも一大決心しないといけませんでした
そんな日が何日か続きましたが……

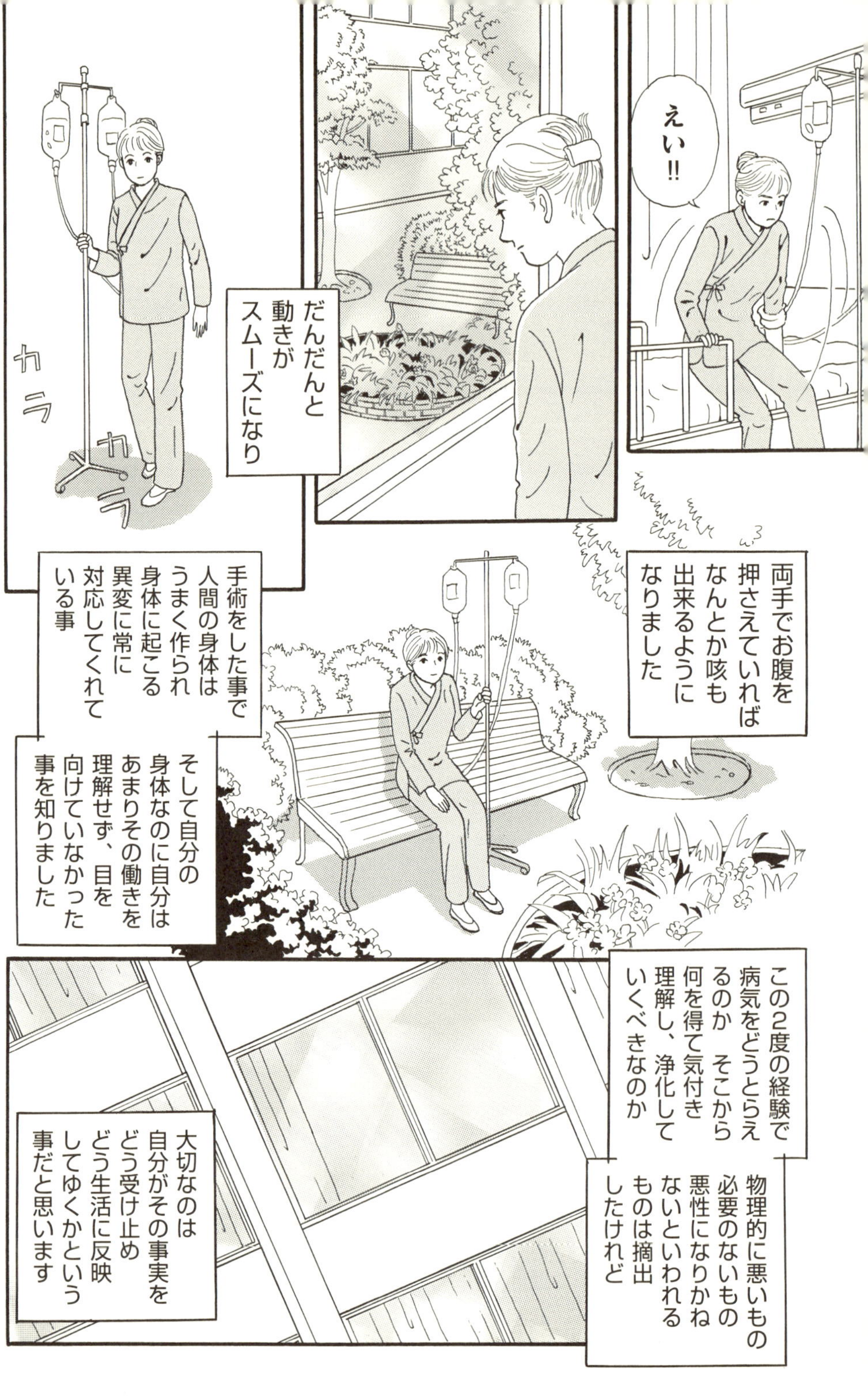
えい!!
両手でお腹を押さえていればなんとか咳も出来るようになりました
だんだんと動きがスムーズになり
カラ
カラ
手術をした事で人間の身体はうまく作られ身体に起こる異変に常に対応してくれている事
そして自分の身体なのに自分はあまりその働きを理解せず、目を向けていなかった事を知りました
この2度の経験で病気をどうとらえるのか　そこから何を得て気付き理解し、浄化していくべきなのか
物理的に悪いもの必要のないもの悪性になりかねないといわれるものは摘出したけれど
大切なのは自分がその事実をどう受け止めどう生活に反映してゆくかという事だと思います

土壌を変えないと
同じものが育ちます
松本先生がよくおっしゃる言葉です
ここでの土壌とは肉体的なことはもちろん　精神的また目に見えない心霊的要素も全てひっくるめた環境を指しています
人間はこの三つの情報に影響され生きている
自分をよい環境におくのもおかないのも全て自分次第であり
摘出＝治ったということではないと学びました
身体に現れた病気　痛み症状は全て必要だったから現れ
そして消えていくのです
身体の中の毒素（マイナスエネルギー）の蓄積を自らの力で消していると明るくとらえ

自分の欲力ではできない事をしてくれる治癒力に感謝する事がとても大切なのだと感じました
身体に感謝ですか……
植物でも話しかけたり音楽を聞かせたりすると
よい反応をしてくれる事がわかっています
卵巣嚢腫《のうしゅ》の摘出手術を2回受けた事によって
日常でできるすべての事への有難さを実感し
私たちの肉体を講成している細胞は60兆個もあります
その細胞の一つひとつに心があり高い意識を持っています
身体全体のことを考えそれぞれに役割を担い助け合っているのです
その細胞に感謝する事は単なる精神論ではないのです
身体は驚くほど精密につくられていること知りました

札幌での勉強が
3ヶ月も過ぎた
頃から
初めて来院された
方への初回説明の
練習が始まり
ました
え？
先生を相手に
ですか
ど緊張
次
オレだ
……ですから
浄波良法は
施術者の力
ではなく
自然治癒力
が……の……
……
カチ
カチ
……
……
……
ハーッ
ダメですね
頭ではわかって
いるのですが
野球でも
たくさん
練習して
やっと本番の
打席で
ホームランが
打てるの
だから
今は
失敗し
間違いを
する時期
だよ
これは
本当に勉強に
なりました
はい…
えーと
腰痛にも
効きますか
脳腫瘍
なんですけど
治りますか？
な……治るという
表現はできま
せんが……
良法を受けたあと
頭痛がするように
なりました
それは…中に
溜っていた毒素が
出てきたという
ことで……

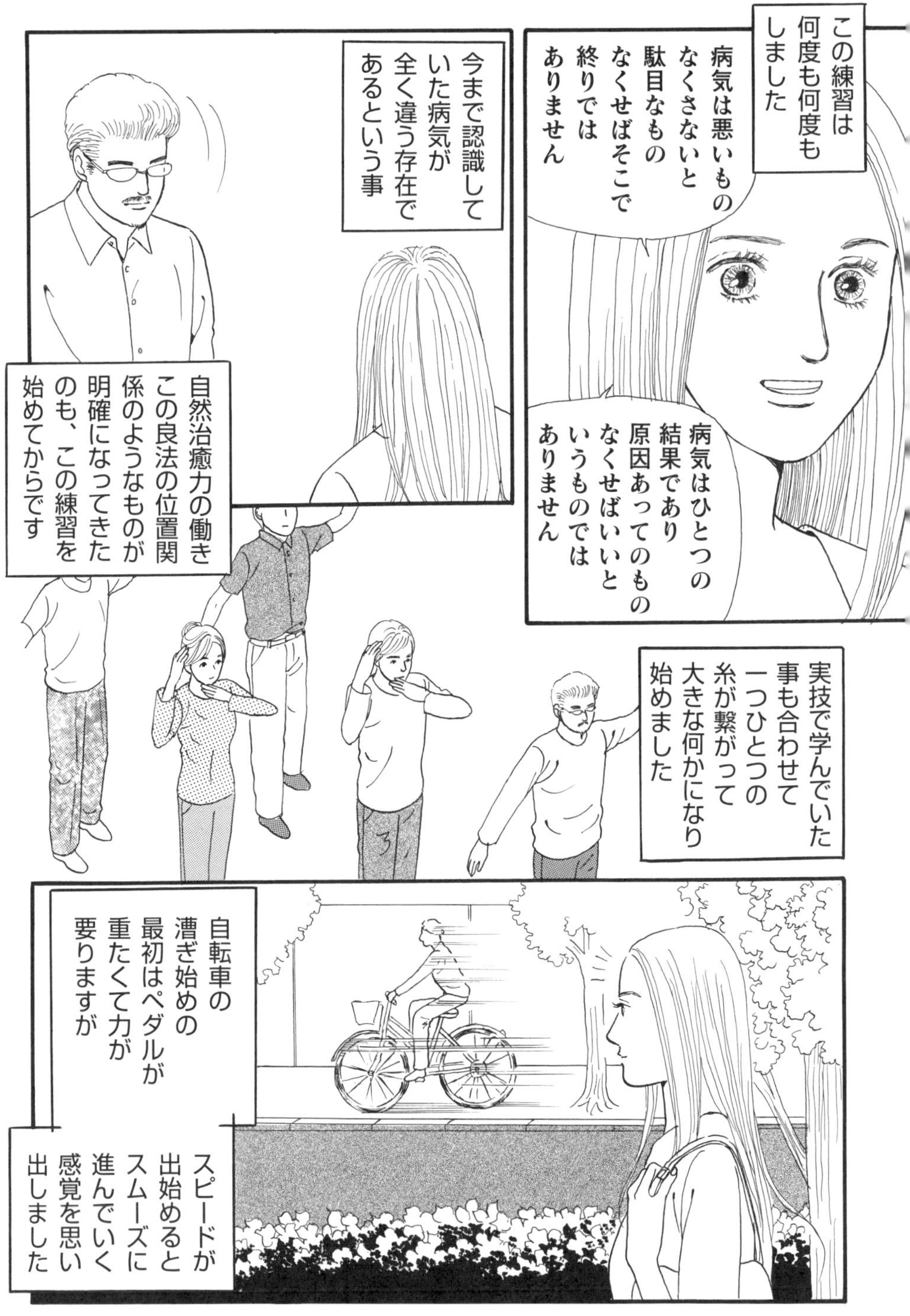
この練習は何度も何度もしました
病気は悪いものなくさないと駄目なものなくせばそこで終りではありません
病気はひとつの結果であり原因あってのものなくせばいいというものではありません
今まで認識していた病気が全く違う存在であるという事
自然治癒力の働きこの良法の位置関係のようなものが明確になってきたのも、この練習を始めてからです
実技で学んでいた事も合わせて一つひとつの糸が繋がって大きな何かになり始めました
自転車の漕ぎ始めの最初はペダルが重たくて力が要りますが
スピードが出始めるとスムーズに進んでいく感覚を思い出しました

私はこれから
どんな道を
進むのだろう
もちろん
困難はある
だろうけど
真っ直ぐの
道を歩んで
ゆきたい

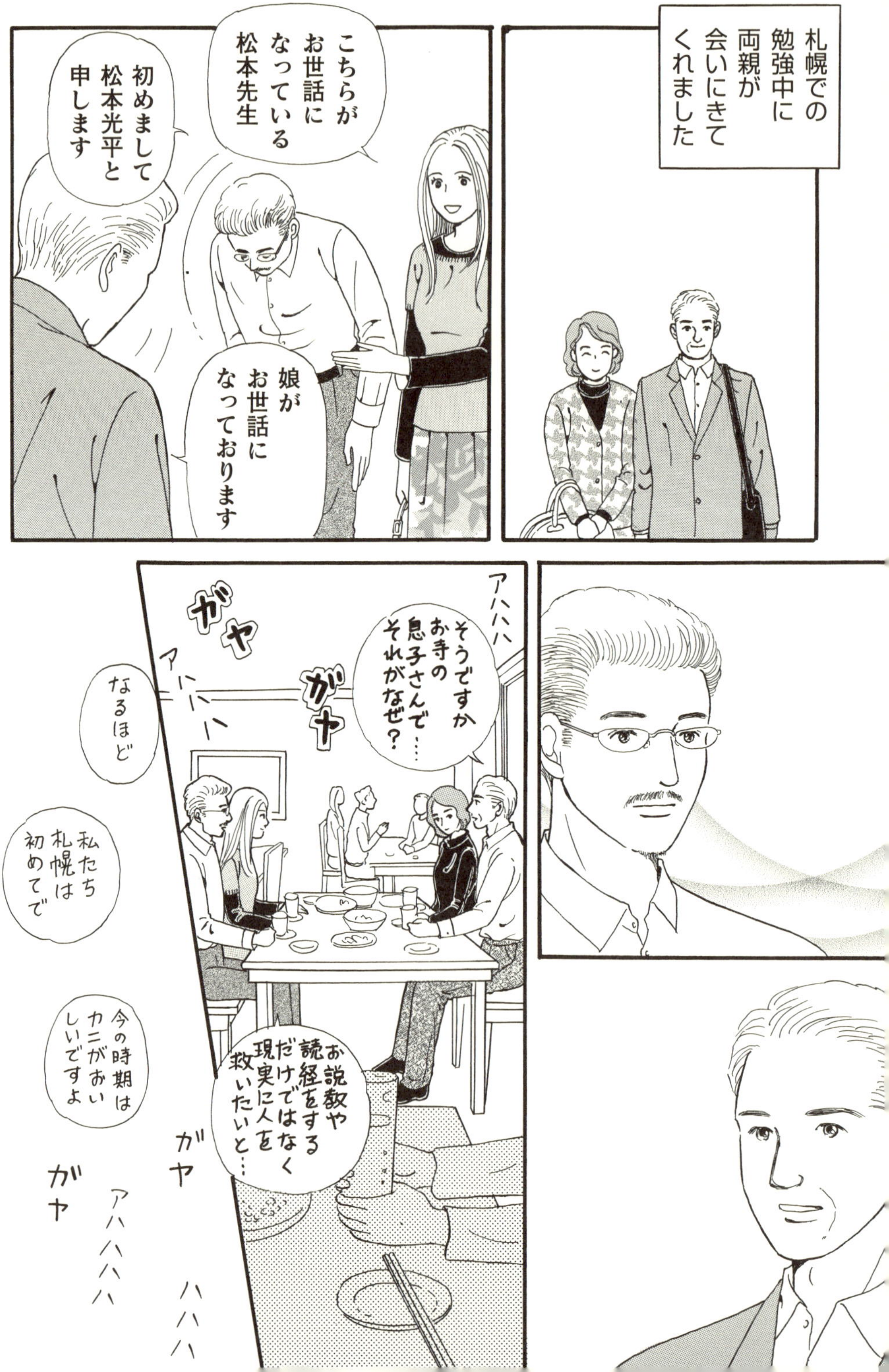
札幌での勉強中に両親が会いにきてくれました
こちらがお世話になっている松本先生
初めまして松本光平と申します
娘がお世話になっております
そうですかお寺の息子さんでそれがなぜ？……
アハハハ
ガヤ
ガヤ
アハハハ
なるほど
私たち札幌は初めてで
今の時期はカニがおいしいですよ
お説教や読経をするだけではなく現実に人を救いたいと…
ガヤ
ガヤ
アハハハハハ
ハハハ

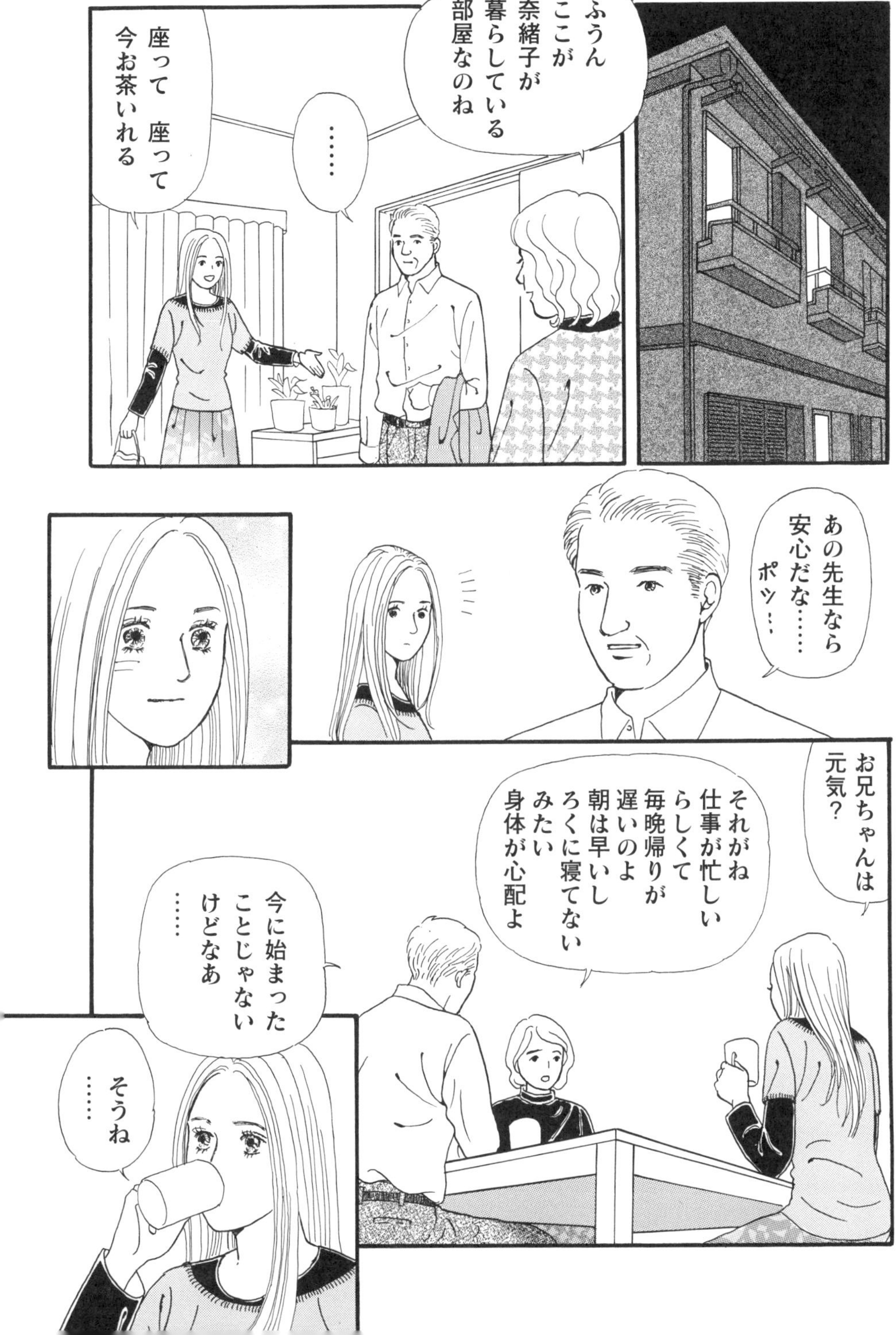
ふうん ここが 奈緒子が 暮らしている 部屋なのね
……
座って 座って 今お茶いれる
あの先生なら 安心だな……
ポッ…
お兄ちゃんは 元気？
それがね 仕事が忙しい らしくて 毎晩帰りが 遅いのよ 朝は早いし ろくに寝てない みたい 身体が心配よ
今に始まった ことじゃない けどなあ ……
そうね ……

では――今日の練習は実際に施術をしてもらいます
練習生同士ペアになってやって下さい
まずは首を回した時の重さ
圧痛点の確認……
どうですか？
ちょっと固いです
感覚を覚えておくためにもう1回まわしてみます
そこ痛いです
そっちも痛いな
先生！押す力の加減ってこれでいいですか？
……
……
確認のためもう一度最初から押してみますね
相手の波動に合わせてから私の波動を〝0〟にして
えーとそして蝶頸骨に向けて円を描き

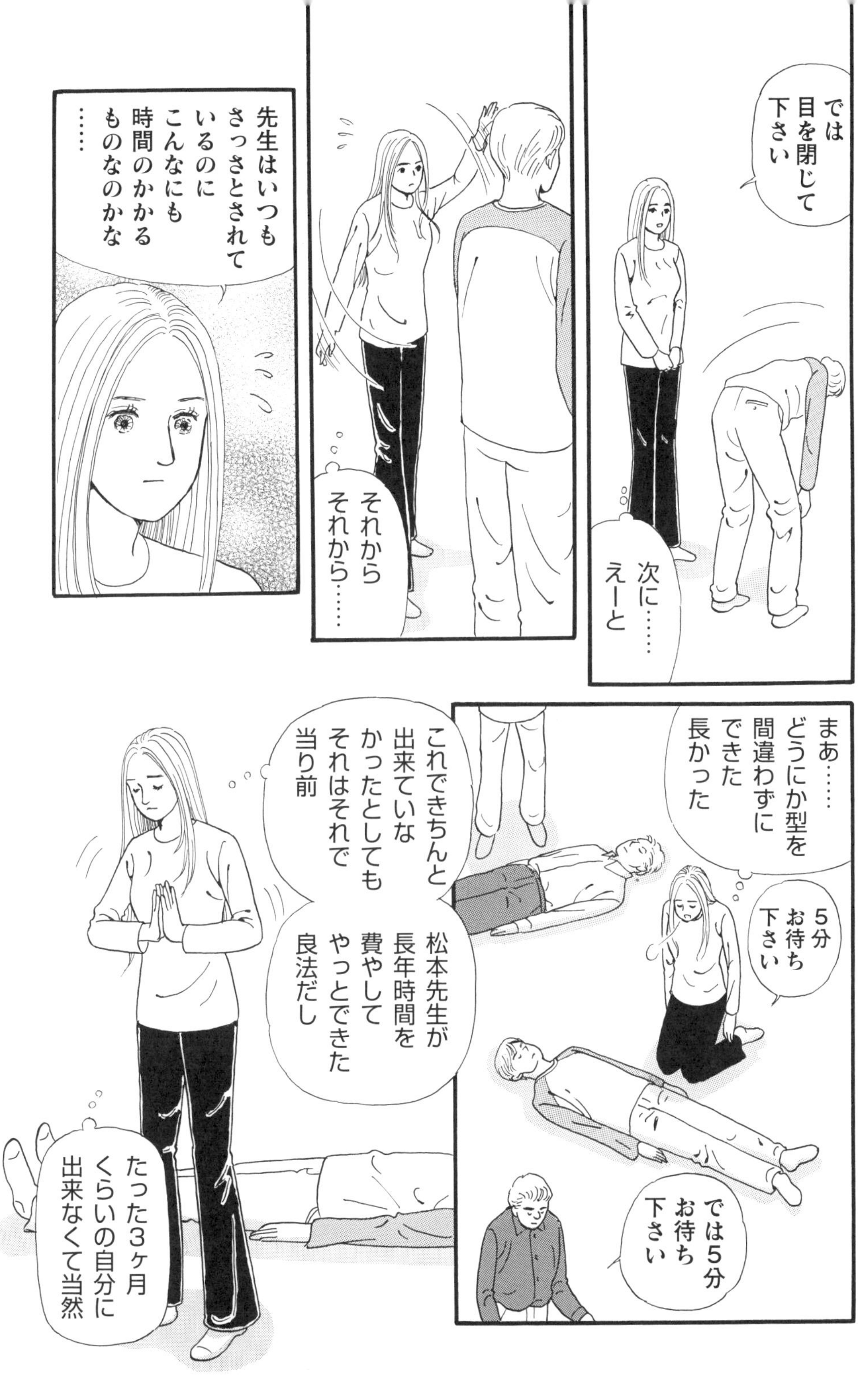
では目を閉じて下さい
次に……えーと
それからそれから……
先生はいつもさっさとされているのにこんなにも時間のかかるものなのかな……
まあ……どうにか型を間違わずにできた長かった
5分お待ち下さい
では5分お待ち下さい
これできちんと出来ていなかったとしてもそれはそれで当り前
松本先生が長年時間を費やしてやっとできた良法だし
たった3ヶ月くらいの自分に出来なくて当然

ぐるり
あ
軽くなっていますね
本当ですか？
うん‼
全て痛みがなくなっています
ギュ
本当に?!
すごいビックリ‼
本当に痛くないです
ギュ
本当の本当に？
本当ですって
こんな私でもできた‼

何故痛みが消えたのか自分で考えてみて下さい
大切なのはほとんど何もしないで圧痛点の痛みが消えたということです
……
なんでだろう?
この質問にはすぐに答えられませんでした
波動良法で自然治癒力を引き出す
私や 他に勉強している人にもできたという事は
松本先生だけに出来るという事ではないとはっきりわかったし……どうしてだろう
どぅですか
5分間横になっているだけなのに……
あの5分間で身体の中では一体何がおこっているのだろう……
毎日毎晩考えました

松本先生がよく言う言葉を思い出しました
身体は完全にできていて治し方を知っています
……
……
そうか！
身体は知っているんだ！
だからこそ我々はスイッチを入れるだけでいいんだ
スイッチを入れ横になっている5分間は自然治癒力が身体中を駆け巡り
自己調整するための時間なんだ!!

それから
お互いに
良法をやり合い
練習をしました
型の順番など
だんだんと
スムーズになり
次にどうするか
考えなくとも
身体が覚えて
いきます
パン
パン
型は
練習すれば
誰だって
出来るもので
大事なのは
やっぱり
理解力なんだ
それに
身体は完璧に
できているから
その人の
自然治癒力に
勝るものは
ないんだよ
先生、僕の
知り合いが
治癒力をアップ
するために
健康食に凝って
いるんですが
なぜかいつも
体調が悪い
って言って
まして
他の療法も
健康法も
良い場合が
ありますが
肉はダメ　甘い物は
ダメだと
偏りすぎてとらわれ
すぎるのはよくない
良い物でも
悪いものでも
「善にとらわれれば
悪となる」からです

日常生活で自然治癒力をアップさせる方法は
身体に感謝しありがとうと語りかけたり無理をせず大切にし適度な運動と飽食しないことが大切です
また 健康を害す原因はさまざまで人によって異なるのだから本当の原因は本人の身体にしかわからないので
浄波良法で本人の治癒力に任せるということです
それから少し経った頃――
須山さん 今度いつもここ（札幌の施術院）に来られる島田さんに無料で施術をして下さい
ドキ
私でいいんですか？
島田さんは了承済みです 当日 私はいません
あ はい
私の日でも予約して下さるなんて感謝！ これは勉強になる
……最初から最後まで一人きりでやるのね
練習を重ねてきたので施術に関しては心配はしていませんでした ただ
浄波良法に対する理解を私自身がきちんとしていないと誤解を与える会話をしてしまいます
話の内容に気をつけなきゃ

当日
いつもより早く
施術院に
向かいました
初めての日は
2名の予約が
入り……
まず…首と肩
そこ痛い
それから…
後悔しない
ように
とにかく
学んだことを
一生懸命実践
しよう
一人目の女性は
いつも来院
されている
島田さん
症状や
圧痛点が
消える時間は
把握してる
首を回すと
重く
肩に圧痛点
があり……
……偏頭痛で
確認後——
立っていただき
施術開始です
横になってもらい
お腹の圧痛点の
確認
ここも
痛いです
張っている
カンジ
施術を
終えて
では——
自然治癒力が
調整します
5分間お待ち
下さい
そして私は
その場を
離れます

はい
痛くないです
痛みが消えているという事は自然治癒力が引き出され自己調整されたという事です
ギュ
首は……
……まだ少し重さが残ってる
首が重いのも押して痛い所があるのも全て原因あってのことです
さまざまな原因が少しずつたまっていった結果として症状となって現れるわけですから
今度は少しずつ身体の力で消し去ってもらうのです
そして、元気だった頃の自分に近づいていくのです
首をまわしてまだ重いのは自己調整するのに
それだけ時間を要しているという事です
こうやって話をしている間にも身体の中は動いていています
原因が深かったり身体の動きが重く緩漫だと修復するのに時間がかかります
しかし圧痛点の痛みは消えていますので
身体は良い方向に向いていると言えるでしょう
しばらくしてもう1回首を回してもらいました
あ! 先生……さっきよりずっと軽くなっています
ありがとうございます

二人目の女性は肩がすぐに重くなるという癌患者の方でした
5分経ちました目をお開け下さい
ここは？どうですか？
圧痛点が消えるのに5分以上かかりましたが――
あ
痛くなくなりました
帰る頃には全ての痛みが消え首も軽くなりました
ありがとうございました
それから病院での施術をさせていただいたり
外出許可がおりないので
来ていただけてよかったです
ちょこちょこと施術院でもやらせていただきました
やればやるほど不安が薄れていきます
人を通して再確認させせられる部分が大きくて
楽になりました
不思議と気持ちも晴々して……
痛みが消えたわ
首が軽くなりました
それが自分の自信、嬉しさ実感に繋がりました

何故ほとんど何もしていないのに圧痛点が消え身体が軽くなったりと
これだけの変化があるのか不思議でしょうがありません
先生のように人を救うために時間とエネルギーを注いできたわけでもない私がです
そして他の習った人達も……
でも――これは事実です
首が軽いわ!!
不思議です!
これは……本人の力が最大限に働いたというゆるぎない証拠です
施術する回数が増えるたびに痛切にそう感じます
先生のパワーのお陰です
私のパワー?私が何か特殊なことをした?いいえ……
自分の心と言葉が一致している事が増えてきた

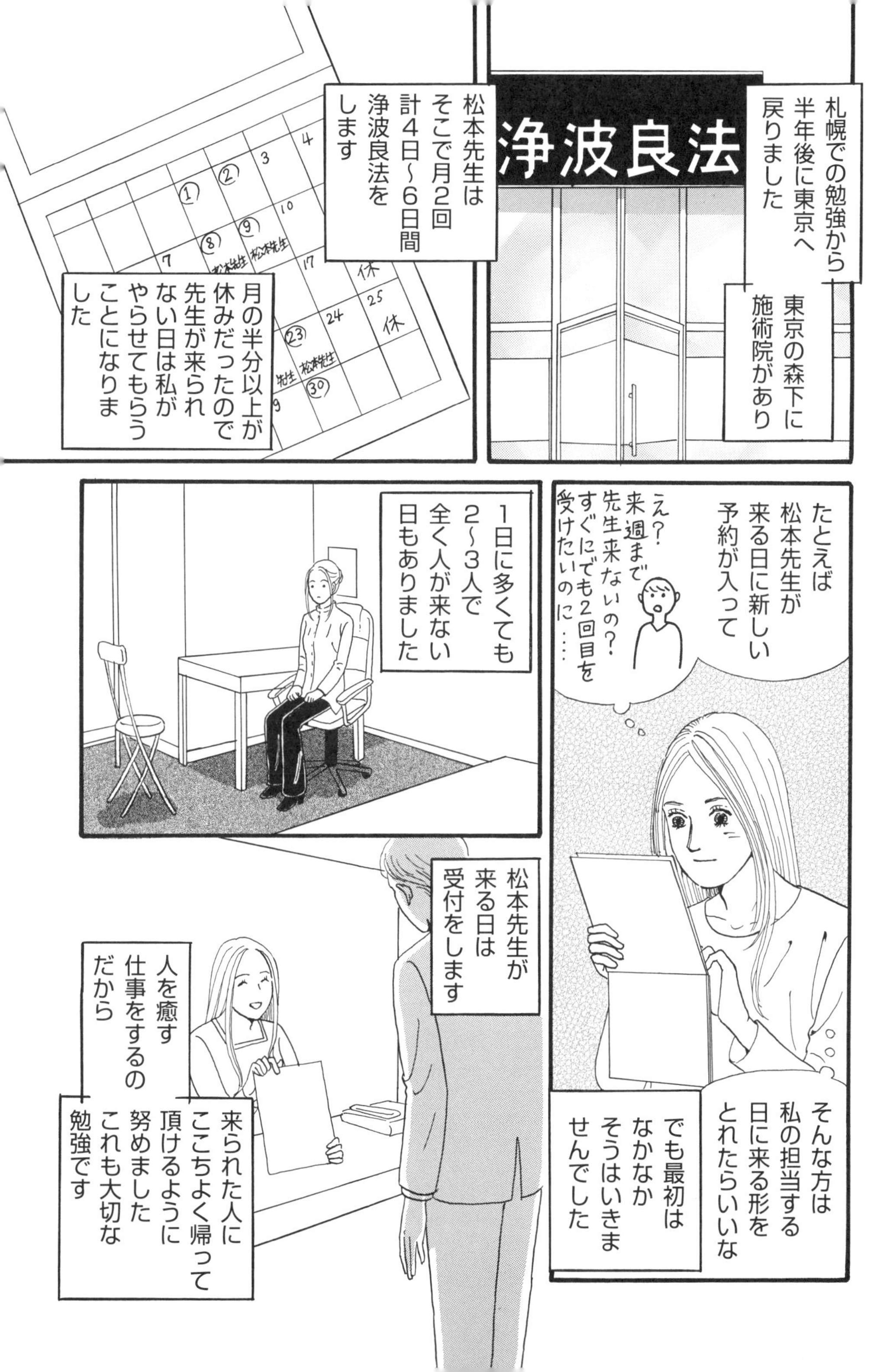
札幌での勉強から半年後に東京へ戻りました
東京の森下に施術院があり
浄波良法
松本先生はそこで月2回計4日～6日間浄波良法をします
月の半分以上が休みだったので先生が来られない日は私がやらせてもらうことになりました
たとえば松本先生が来る日に新しい予約が入って
え？来週まで先生来ないの？すぐにでも2回目を受けたいのに…
そんな方は私の担当する日に来る形をとれたらいいな
でも最初はなかなかそうはいきませんでした
1日に多くても2～3人で全く人が来ない日もありました
松本先生が来る日は受付をします
人を癒す仕事をするのだから
来られた人にここちよく帰って頂けるように努めましたこれも大切な勉強です

その人の魂に向かってお辞儀をしなさい
札幌での勉強初日に言われた事を毎回思い出します
これが一番最初に先生に教えられた事でした
ありがとうございました
東京の施術院は遠方から来られる方が多く
沖縄から来ました
九州から来ました
四国から来ました
東京へ戻ってからも浄波良法がもたらす影響はとても大きいものだと感じました
流産を繰り返していた私がついに赤ちゃんを
良法を10回受けたところ
再発癌の進行が止まったんです!!
3回の良法で20年来の蓄膿症がすっかり良くなって
来られる人の表情や体調の良い変化はもちろんのこと
そうですか7年越しの胃潰瘍が……
お顔の血色もよくなられましたね私も嬉しいです

須山先生こそ
雰囲気というか……表情が変わりましたよ
え？ そっそうですか？
やさしげでおだやかな感じになって……
その笑顔だけで癒されそうです
そう言って下さる方がとても増えたのです
ガサ
ゴソ
そ……そうかな……？
カチャ
人に言われないと気付かないものだなあ
嬉しい
浄波良法だけでなく自分という存在そのものが
人に良い影響を与えられるようになれるんだな
それからは東京の施術院で仕事をしつつ札幌へ勉強しに行かせてもらったり往復する生活でした
日々成長する自分を実感できる事は本当に有り難く充実感に満たされました

東京に戻ってからは良法を受ける回数が減ったので
せっかく元気になってきた身体を維持するためにも寝る前に圧痛点を探し　一つ一つ消していきました
あ……ここも痛い
普段の生活では全く気づかなくても押してみると痛い所って思ったよりもあるものなのね
特に私はお腹が気になっていたので寝る前におヘソの周りや下腹を押し
痛みがある所張りや固い感じが気になる所を集中してケアしていきました
同じ身体でも押して痛い所と痛くない所がありますたった1センチの差でもです
痛みのある所はやはり身体のどこかのバランスが乱れている何かしらの原因がある証拠です
ここの痛みなかなか消えない
こっちはすぐ消えたわ
あら？おヘソの周りの圧痛点を消していたのに下腹部の圧痛点が消えているわ
一見、圧痛点を消しているように見えますが自然治癒力と共鳴したからこそ痛みが消えるのだと理解でき

自然治癒力の波動は身体のすみずみにまで染み渡り
身体はつながっているからなんだなあ……
——と実感しました
あれ？　今日はここが痛いわ日によって圧痛点の場所が変わるのね同じ肉体でも毎日変化しているんだ
誰でも毎日違いはあったとしても疲労を感じるものです
仕事での疲れ人間関係での疲れなど
そういったマイナス要素を次の日に持ち越さず、毎晩自分の力で消すことが出来ます
その日のものはその日のうちに自浄しリセットする感覚で寝る前に行うようにしています
たいてい　圧痛点を消しているうちに眠りについてしまい……
スヤ
スヤ
これをした時の眠りの深さはしていない時とまったく違うということも知りました

先日
風邪をひいたのか
とても喉が痛く
なりました
ガタ
ゴトン
ガタ
ガタン
ん？
うんうん
あっ
ここに
圧痛点が
ある
圧痛点を
見つけては消し
見つけては消し…
をしていたら
喉の痛みも取れ
大事に至らずに
すみました
早めにケアすることで
治りもいつもより早く
ひどくなりにくいなど
これが出来るように
なって　今回のように
助けられた経験が
たくさんあります
ある日
母の足に痛みが
出ました
足の指や足の甲の
辺りに痛みがあり
通風のような感じで
いっ痛！
痛いっ
少し触っただけ
なのに？
浄波良法の施術を
したあとにも
足の圧痛点を探し
消していきました
とにかく
たくさんあって
大変でした
母は心臓病と
喘息持ちで
普段からお薬を
服用しているため
簡単に痛み止めの
お薬などは
飲めません
病院に行って
原因を調べて
もらっても
何もわからず

どうしたの？
出かけるんじゃ
なかったの？
やめたわ
足が痛くて
靴を履きたく
ないの
ひょこ
ひょこ
ひょこ
いたった
いたい
とにかく
痛がるので
見ているのも
辛いぐらい
でしたが
ありがと
痛みが
ひいたわ
薬を使わず
苦痛なく痛みが
消えました
やりすぎだとか
副作用の心配が
ないので
毎晩行いました
完治するまでに
一ヶ月近く
かかりましたが
痛い時
辛い時にすぐ
してもらえる
というのが
嬉しかった
ようです
松本先生が
開発した器具
浄波セーバー（※）が
できた今は
10分から15分かけて
痛みを一つずつ
消していた時より
早く簡単に行う
ことが出来るように
なり
大助かりです
母も私が出張などで
出来ない時は、自分で
浄波セーバーを使い
体調を維持して
いるようです

※浄波セーバーについての詳細は 03-6240-2272 まで、お問い合わせ下さい。

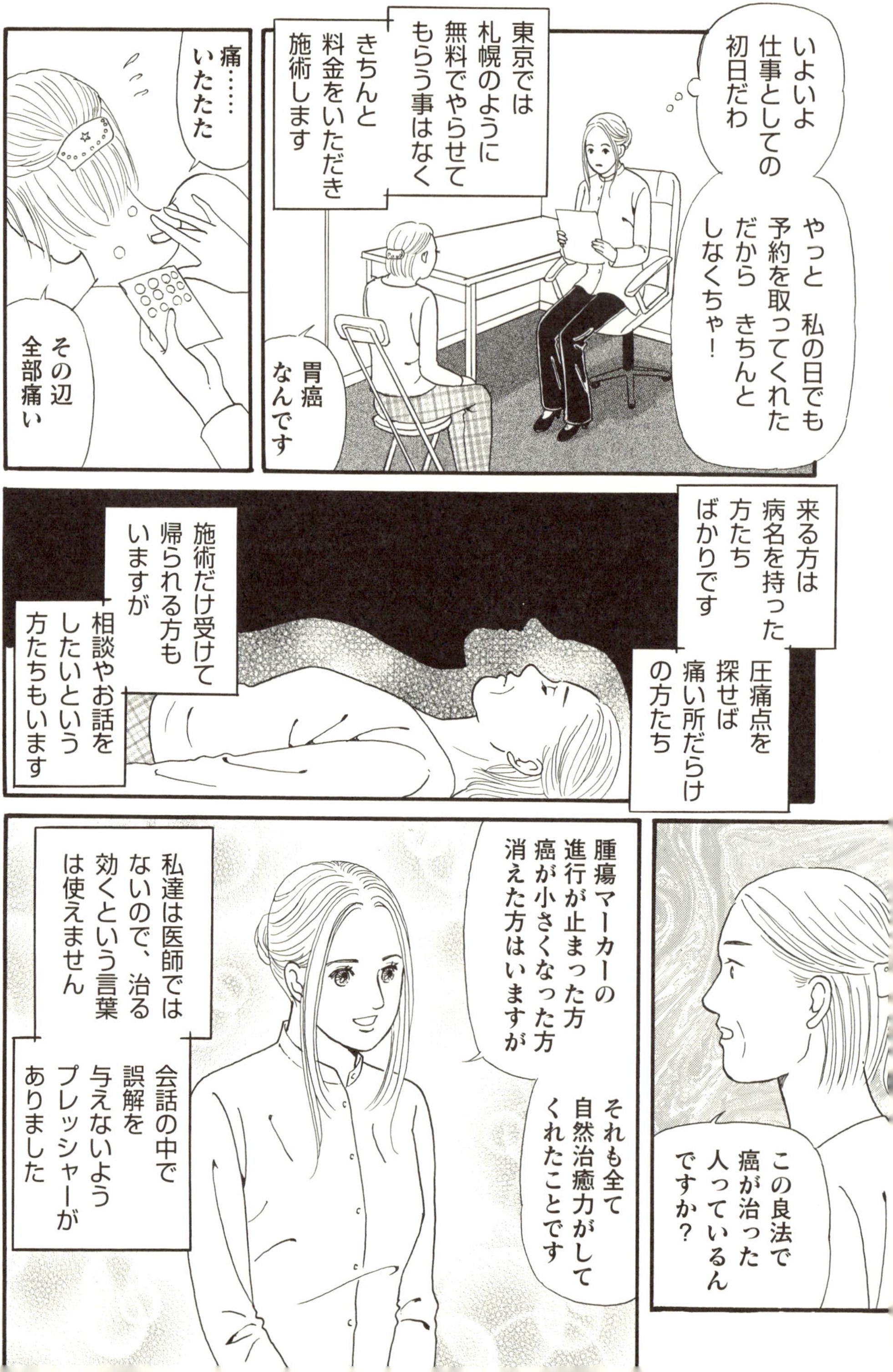
いよいよ仕事としての初日だわ
やっと私の日でも予約を取ってくれただから　きちんとしなくちゃ！
東京では札幌のようにに無料でやらせてもらう事はなく
きちんと料金をいただき施術します
胃癌なんです
痛……いたたた
その辺全部痛い
来る方は病名を持った方たちばかりです
圧痛点を探せば痛い所だらけの方たち
施術だけ受けて帰られる方もいますが
相談やお話をしたいという方たちもいます
この良法で癌が治った人っているんですか？
腫瘍マーカーの進行が止まった方癌が小さくなった方消えた方はいますが
それも全て自然治癒力がしてくれたことです
私達は医師ではないので、治る効くという言葉は使えません
会話の中で誤解を与えないようプレッシャーがありました

私の担当の日でもぽつぽつと新しい予約が入るようになった頃から
一家に一人〝痛みを消せる人〟という目的で勉強会を始めるようになりました
病気もケガも全て自然治癒力がないと治りませんその自然治癒力が今は色々なものに頼りすぎてしまって
機能が低下している方が多いのです
浄波良法はその低下している自然治癒力を高めていきます
——たとえば家族が病気になったら自分は何をしてあげられるか
薬を飲ませる病院に連れて行く……当然ですしかし薬が効かなかったら？
病院に行くまでの時間は？そういうことを考えてほしいのです
家族が病気になった時か……
私はサポート役として参加させていただきました
…………
私は一家に一人浄波良法が出来る人がいれば
どれだけ安心で心強く救いになるかと思います

では次に実際に身体を使っての実技講習をします
皆さん立って下さい
これは私が札幌で初日から学んだものと同じで簡単なものから始まりました
相手の身体と一体になる自分がゼロになるという練習です
来られる人によって理解しやすい言葉や例えが異なりますから
先生は色々な言葉を使って説明されますが全て同じ事を意味しています
頭だけではわかりにくいし何といっても忘れてしまうから身体で覚えましょう
この感覚は参加した人でないとわかりづらいかもしれません
圧痛点の痛みを消せるようになれることが
この勉強会の最終目的で
初級、中級と分かれており
家族や知人・友人にしてあげられるようになる事を目指しているのですが

痛くなくなりました
えー！不思議痛くない
初めて参加した方でも勉強会が終わる頃（約2時間）には皆さん出来るようになりました
そっちも痛くないです
私があれだけ時間をかけて一つ一つ積み上げて出来るようになったものが
たった2時間で出来るようになってしまうなんて！
でも……それよりもどんな人でも出来たというこの事実！
痛い、痛くないというのはペアになった相手の体感ですから嘘はありません
本当ですか?!
痛くなくなってます
えーっ私に出来た!!
すごい
これには参加された方も驚かれていました
頭で覚えるのではなく身体が覚えます身体は忘れませんから
40回以上参加している私も毎回新しい学びや発見があります

次の勉強会ってまだ参加予約できますか？
はい大丈夫です
須山先生がすごく変わったのを見て……良いのかなあと思って参加しようと思ったの
そんな言葉をいただくようになったのもこの頃からでした
今度から勉強会で須山さんも何か話してみたら？
え
カナダでメイク講義を人前で話した経験はあるから……
やってみます
最初は10分だんだんと時間を延ばし
浄波良法をするようになってからの体験談や
先生がすすめる食品の説明などをさせてもらうようになりました

そんなある日
突然――
あれ
珍しい
お兄ちゃん
からだ
え？
良法をして
ほしい？
私の兄はあまり
この良法に
関心がなく
自分から受け
ようとした事は
ありませんでした
どう
したの？
いやあ
それが
……
ひどい肩凝りと
頭痛があって
針や整体を
受けても
次の日にはすぐ
戻っちゃうんだ
同じマンションの
下の階に
兄は住んで
いるので
その日の晩に
良法を
したのですが

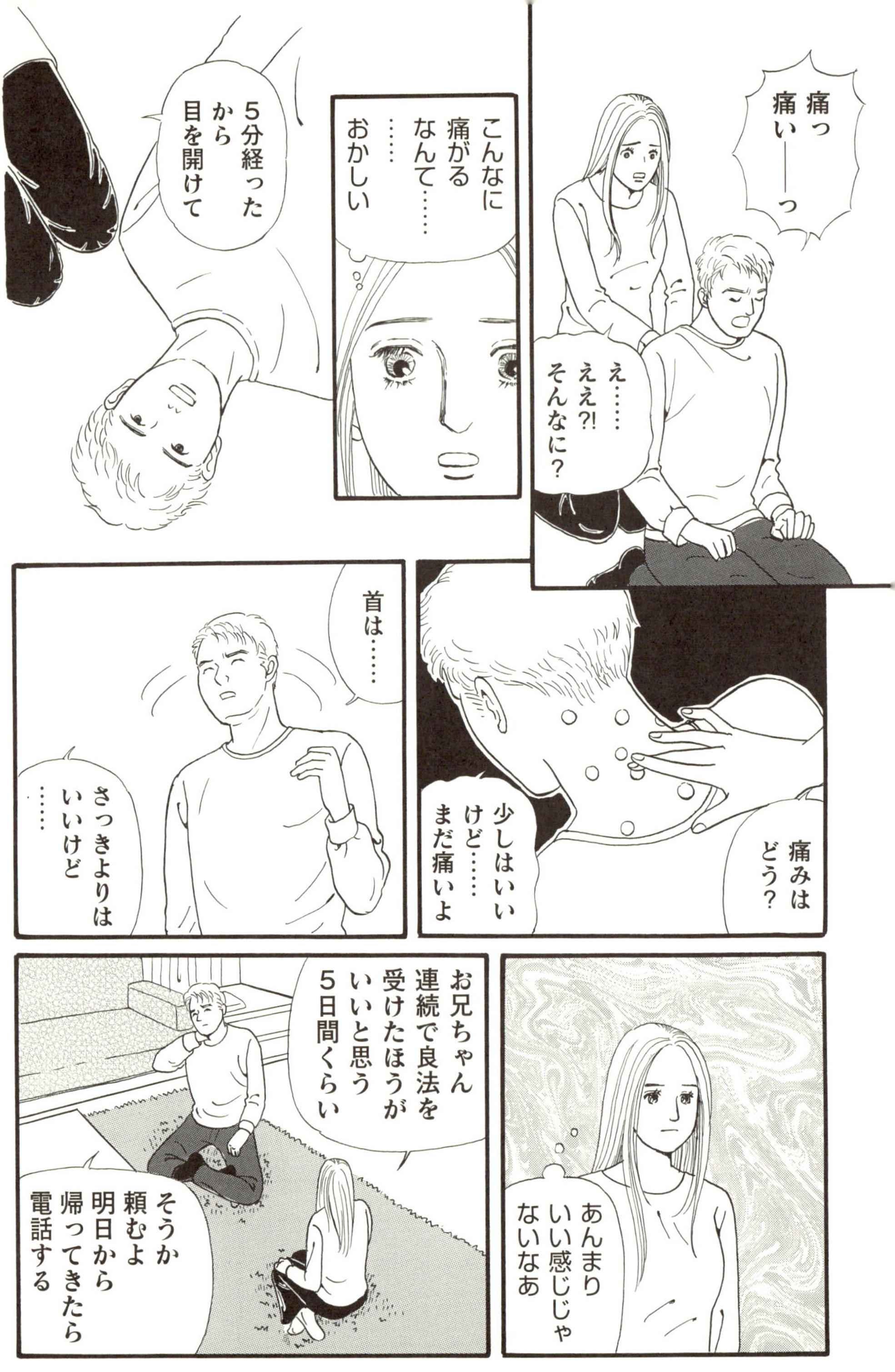
痛っ
痛い――っ
え……
ええ?!
そんなに?
こんなに
痛がる
なんて……
……
おかしい
5分経った
から
目を開けて
痛みは
どう?
少しはいい
けど……
まだ痛いよ
首は……
さっきよりは
いいけど
……
あんまり
いい感じじゃ
ないなあ
お兄ちゃん
連続で良法を
受けたほうが
いいと思う
5日間くらい
そうか
頼むよ
明日から
帰ってきたら
電話する

次の日の晩も良法をし
そして3日目の晩
どうしたんだろう？帰宅の連絡がない……
こっちからかけてみよう
RRR……
カチャ
もしもし
お兄ちゃん帰ってたの？どうして連絡くれないの？
明日の朝早く起きなきゃならないし
あの良法を受けるとすごく眠くなるから今日はやめておくよ
だからこそ受けるべきなのに
良法後眠くなったんですが？
浄波良法を受けるとその人に一番ふさわしい状態が強く現れるようになります
過去において充分に寝ていなかった場合や睡眠不足の時など当然眠くなります眠っている時に弱っている箇所にエネルギーが集中し治しにかかります

いや　とにかく今日はいいよ
……
……
私の身体じゃないし!! もう! 知らない!!
結局その日は良法を休んでしまいました
――それから5時間後です 真夜中に……
ピンポーン
ドンドン
ピンポーン
ドンドン
ピンポーン
ドンドン
ドン
な…… なに? ドアを叩く音?
ドンドーン
ドーン
誰も いないわ ……?

カチャ
ザワ
ザワ
ザワ
トントン
……？お兄ちゃんの部屋……ドアが……
舌はかんでいないわ 呼吸は？
バタバタ
毛布でくるみましょう
お母さんとお兄ちゃんの彼女……？
バタ
バタバタ

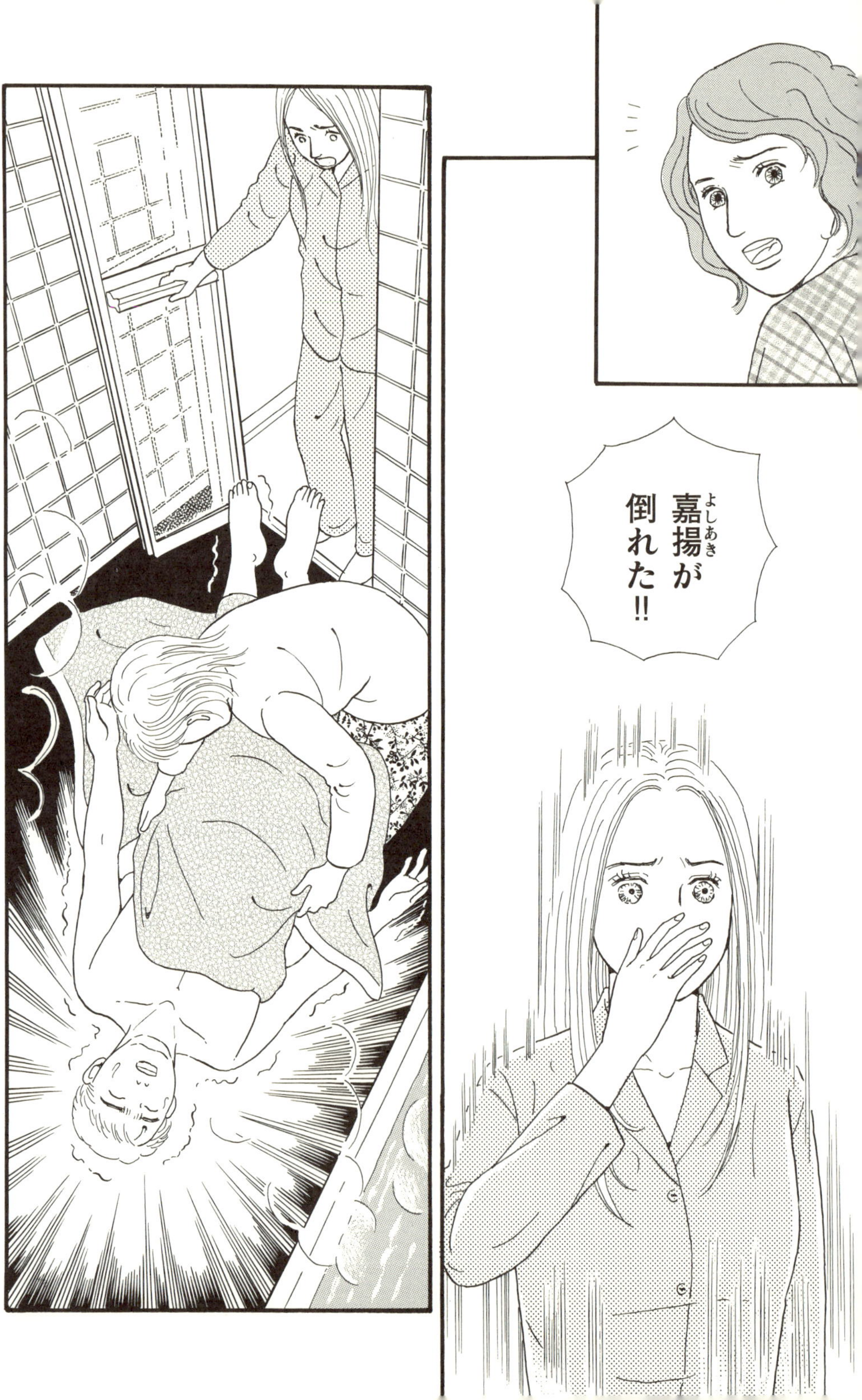

嘉揚《よしあき》が倒れた!!

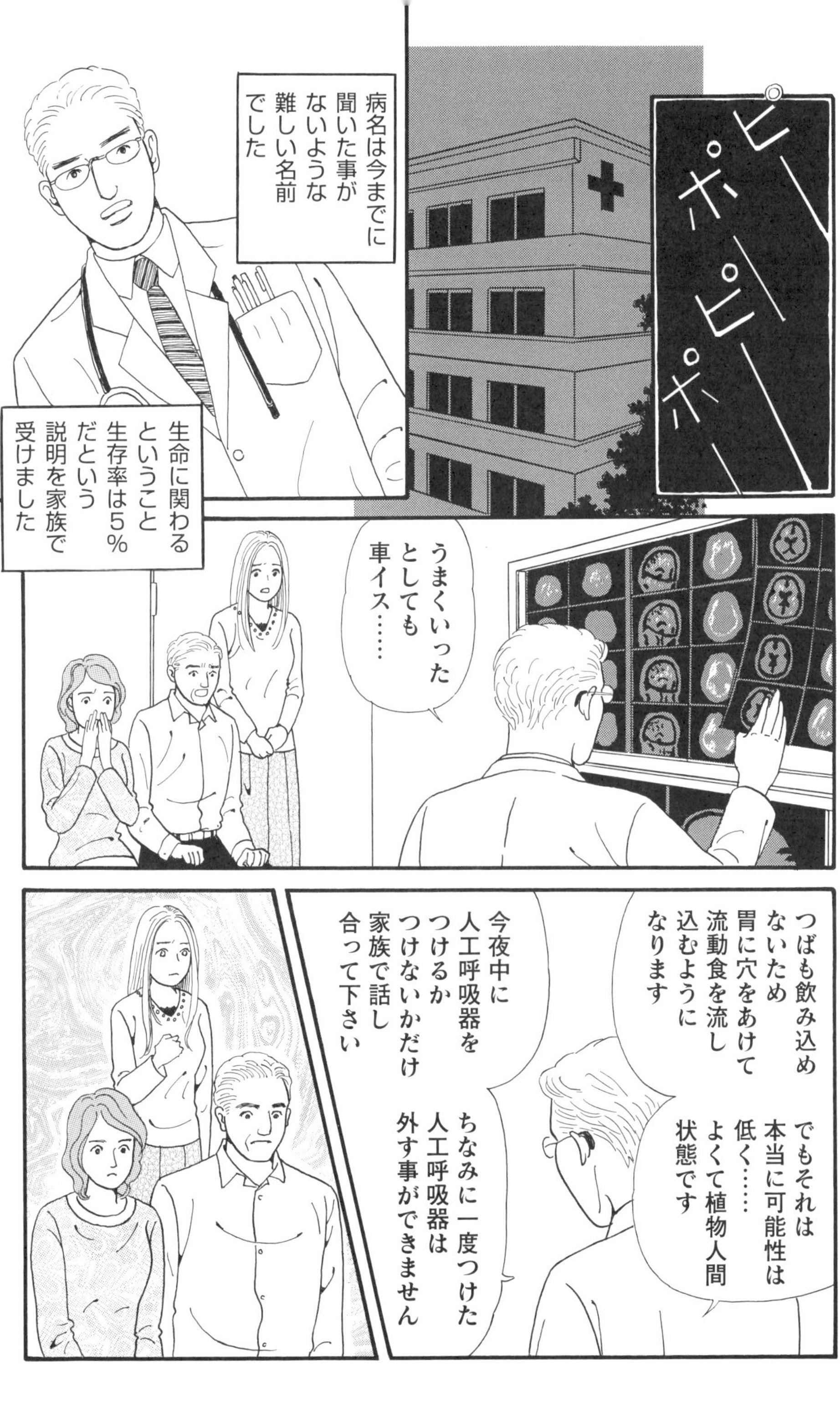
ピーポーピーポー
病名は今までに聞いた事がないような難しい名前でした
生命に関わるということ生存率は5％だという説明を家族で受けました
うまくいったとしても車イス……
つばも飲み込めないため胃に穴をあけて流動食を流し込むようになります
でもそれは本当に可能性は低く……よくて植物人間状態です
今夜中に人工呼吸器をつけるかつけないかだけ家族で話し合って下さい
ちなみに一度つけた人工呼吸器は外す事ができません

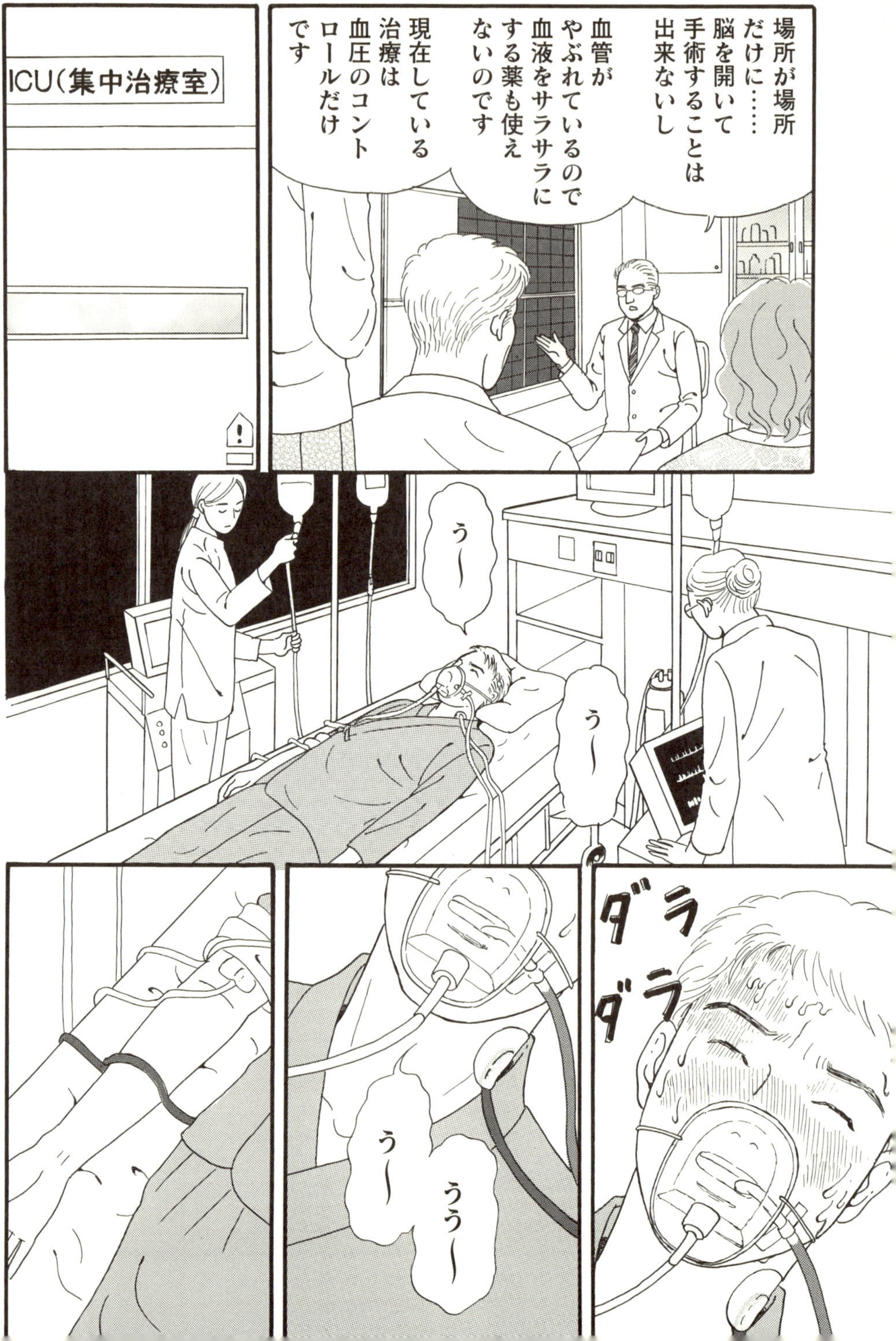
場所が場所だけに……脳を開いて手術することは出来ないし
血管がやぶれているので血液をサラサラにする薬も使えないのです
現在している治療は血圧のコントロールだけです
ICU（集中治療室）
うー
うー
ダラダラ
うう〜
う〜

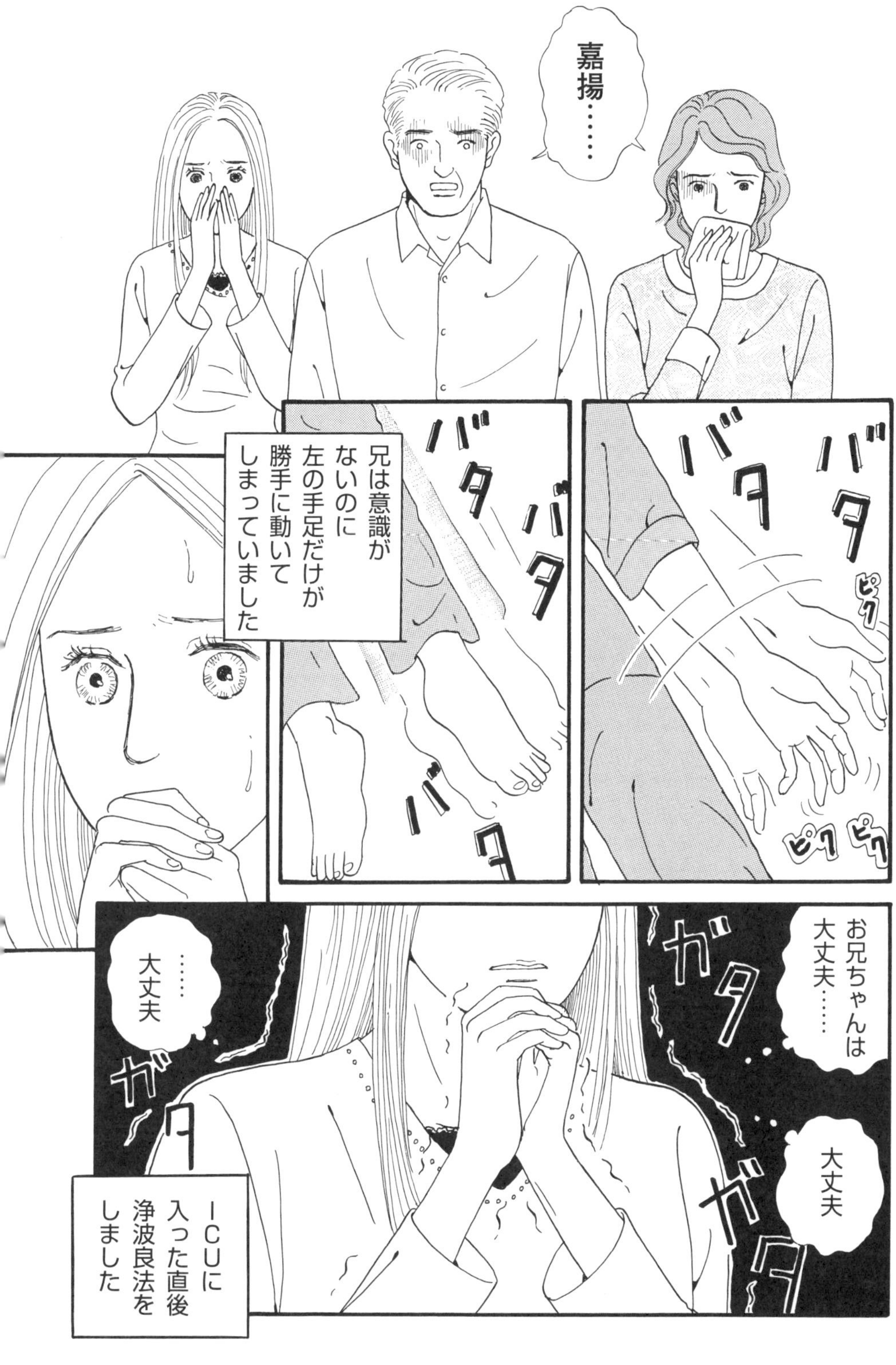
嘉揚……
バタ
バタ
ピク
ピク ピク
兄は意識がないのに左の手足だけが勝手に動いてしまっていました
バタ
バタ
バタ
お兄ちゃんは大丈夫……
大丈夫
……大丈夫
ガタ
ガタ
ガタ
ICUに入った直後浄波良法をしました

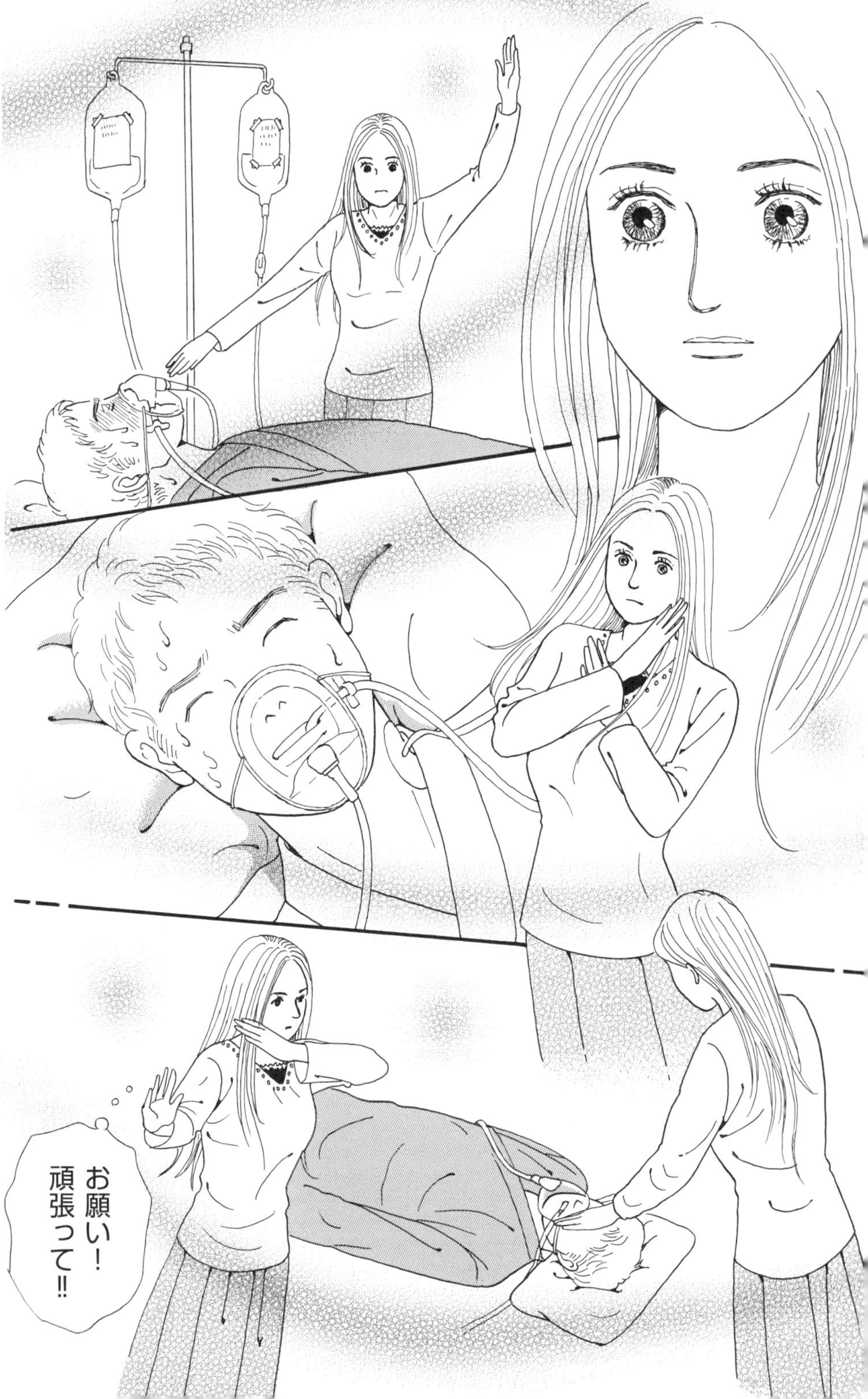
お願い！頑張って‼

次の日
お……お……
……か……
………
……お……か……あ……さ……ん
先生!! 息子の意識が戻りました!!
5%の生存率の奇跡を起こしたのです
右半身の機能が麻痺し 全く動かなくなってしまったけれど

よかった
本当に
よかった
それから毎日
リハビリと
浄波良法を
しました
兄はICUから
一般病棟に移動
した辺りから
自分の病気が
どれだけ重度で
死んでもおかしく
ない状態だった
のかを聞き
なぜ自分は
まだ生きて
いるのだろう
自分には何か
やるべき事が
あるはずだ
そう思った
そうです
倒れる前までは
睡眠不足
食生活の乱れが
ひどく
自分の
身体を酷使
していました

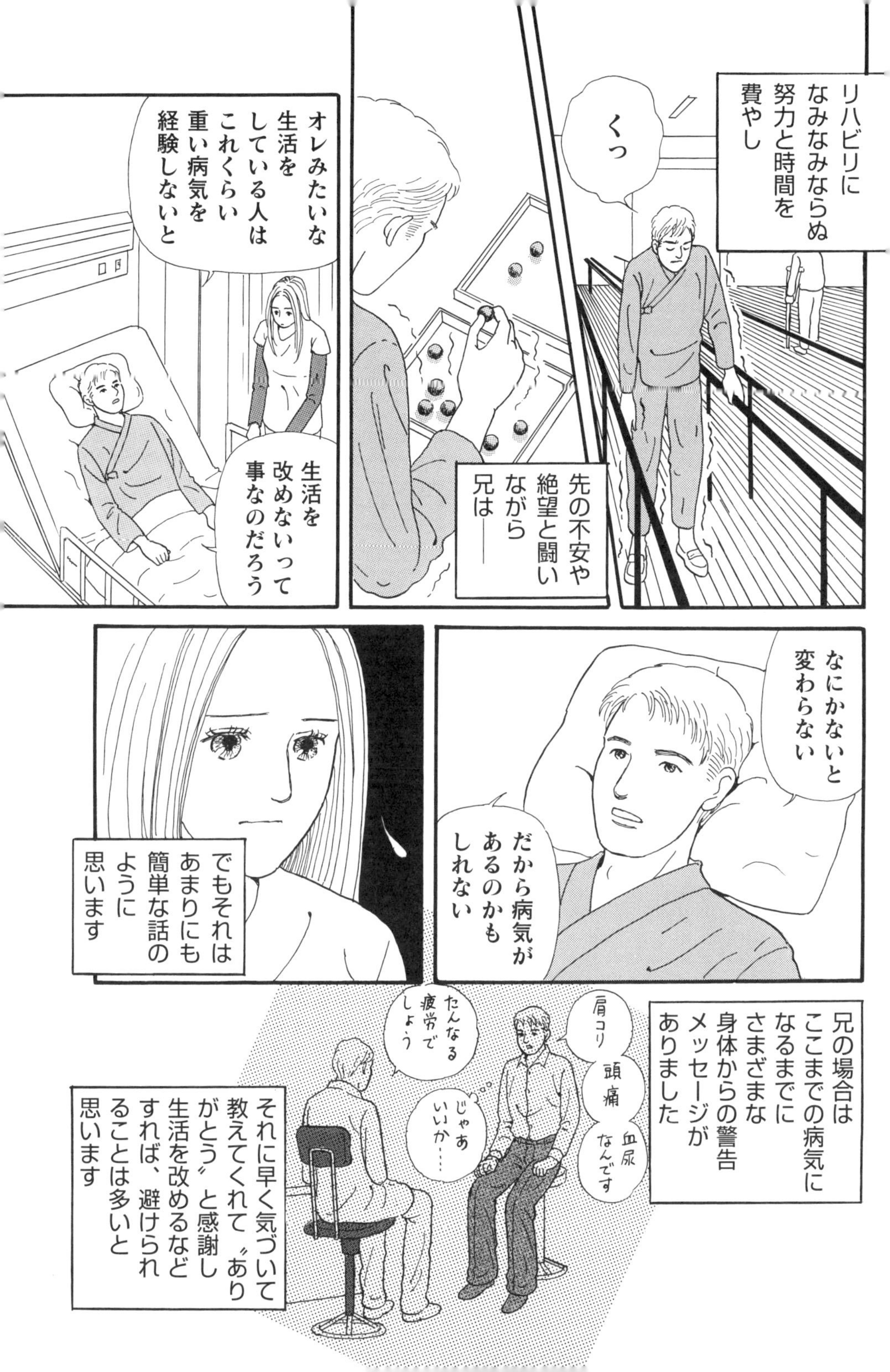

リハビリに
なみなみならぬ
努力と時間を
費やし
くっ
先の不安や
絶望と闘い
ながら
兄は――
オレみたいな
生活を
している人は
これくらい
重い病気を
経験しないと
生活を
改めないって
事なのだろう
なにかないと
変わらない
だから病気が
あるのかも
しれない
でもそれは
あまりにも
簡単な話の
ように
思います
兄の場合は
ここまでの病気に
なるまでに
さまざまな
身体からの警告
メッセージが
ありました
肩コリ
頭痛
血尿
なんです
たんなる
疲労で
しょう
じゃあ
いいか……
それに早く気づいて
教えてくれて〝あり
がとう〟と感謝し
生活を改めるなど
すれば、避けられ
ることは多いと
思います

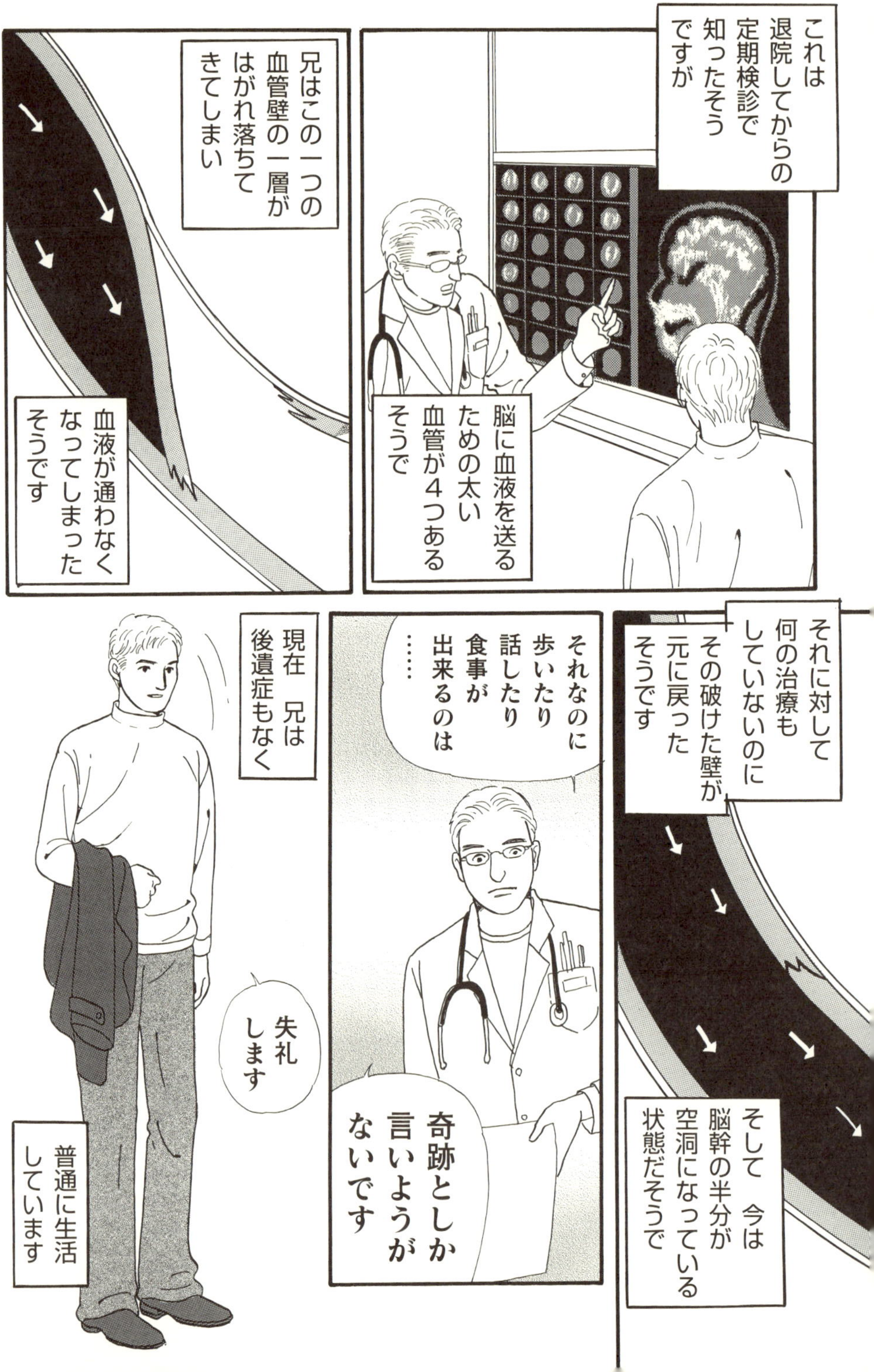
これは退院してからの定期検診で知ったそうですが
脳に血液を送るための太い血管が4つあるそうで
兄はこの一つの血管壁の一層がはがれ落ちてきてしまい
血液が通わなくなってしまったそうです
それに対して何の治療もしていないのに
その破けた壁が元に戻ったそうです
そして 今は脳幹の半分が空洞になっている状態だそうで
それなのに歩いたり話したり食事が出来るのは……
奇跡としか言いようがないです
現在 兄は後遺症もなく
失礼します
普通に生活しています

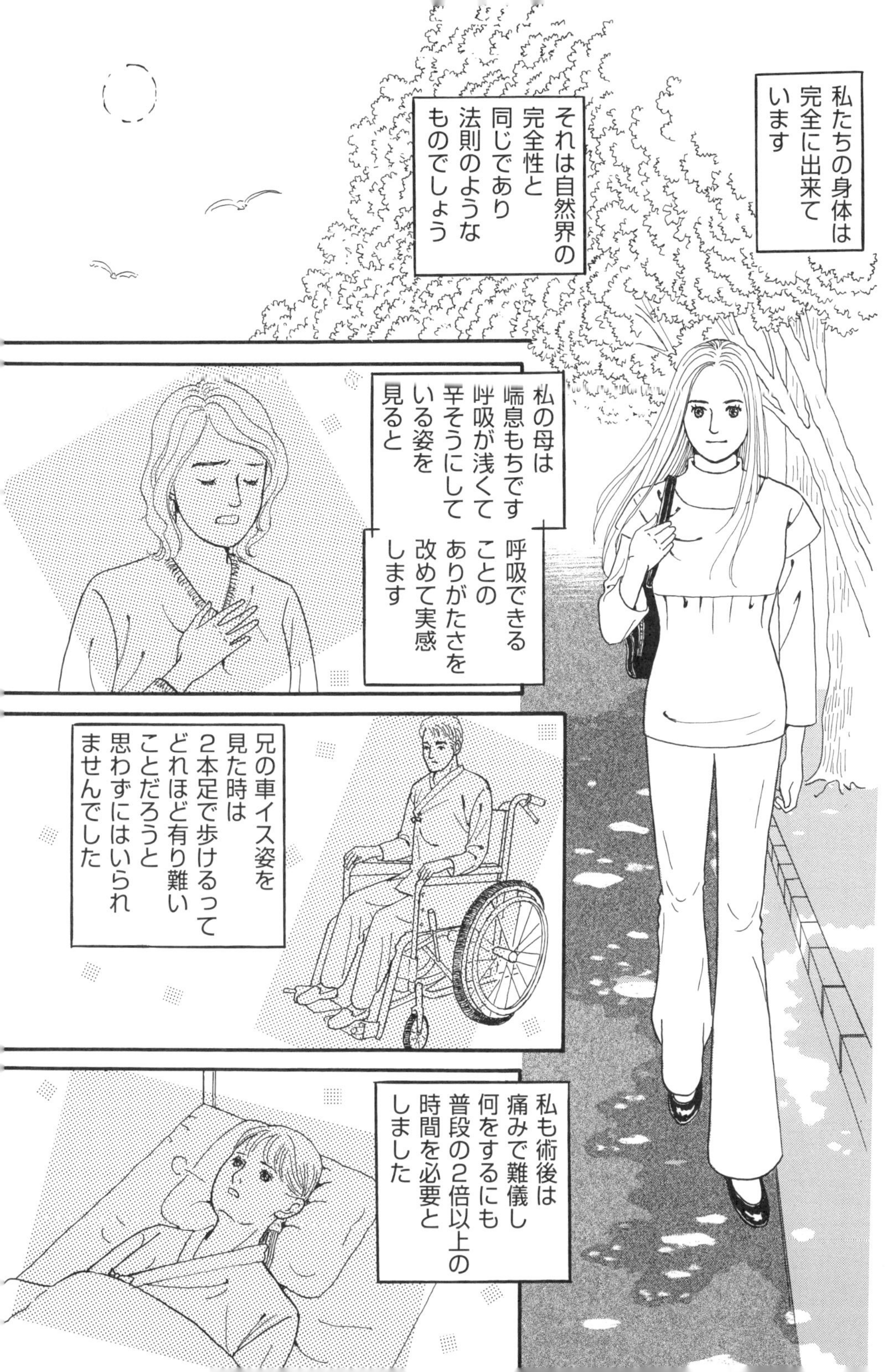
私たちの身体は完全に出来ています
それは自然界の完全性と同じであり法則のようなものでしょう
私の母は喘息もちです呼吸が浅くて辛そうにしている姿を見ると
呼吸できることのありがたさを改めて実感します
兄の車イス姿を見た時は2本足で歩けるってどれほど有り難いことだろうと思わずにはいられませんでした
私も術後は痛みで難儀し何をするにも普段の2倍以上の時間を必要としました

本当にありがたい

どれだけ私たちは
この身体の働きに
気づいているか

どれだけ身体が
尊ぶべきものであり
どれだけ感謝すべきか
私たちはわかっているだろうか

自分自身が変わらなくては
環境は変わらない

病気は本人しか治せない

自分が変わろうとしなければ
どんな名医・素晴らしい薬があったとしても
また同じことを繰り返す

奇跡は
突然にやってくるものではない

病気は
突然やってくるものではない

急に変わる必要はない

少しずつ
出来る範囲で
少しずつ
変えていく

この良法を受け始めて3ヶ月……
この間検査したら癌が小さくなっていたんですよ!!
驚きました先生と自然治癒力に感謝ですよ!!
少しでも多くの方が自分の持たされた力の素晴しさに気づいていただければと思います
それは浄波良法を通してだけでなくどんな形であってもです
身体は24時間態勢で主のために働き機能し続けてくれています
その事に早く気づき感謝していければどれだけ人は変わるでしょうか
これからもご自身の自然治癒力をどんどん引き出していきましょう
病気になった時にどうするか薬・病院ちょっと休むなどの選択肢の一つに浄波良法があったらいいなと切実に思います
そのためには出来る人が増えないと現実化できません
特別な人でなくてもやる気になれば浄波良法は体得出来る
そして誰かの役に立つ事が出来る
私に出来たのですから誰にだって出来ると思っています

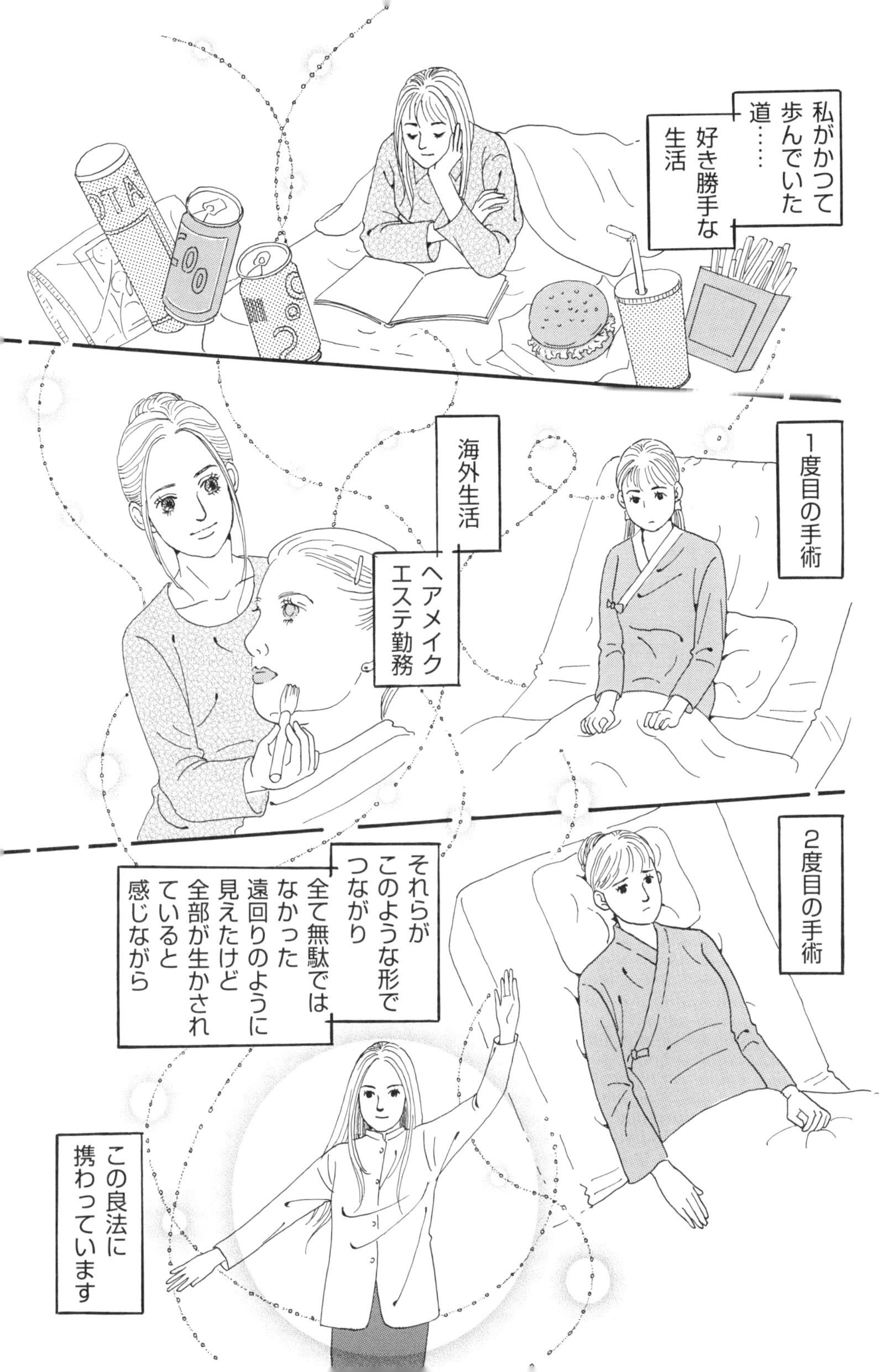
私がかつて歩んでいた道……
好き勝手な生活
1度目の手術
海外生活
ヘアメイクエステ勤務
2度目の手術
それらがこのような形でつながり
全て無駄ではなかった遠回りのように見えたけど全部が生かされていると感じながら
この良法に携わっています

それが可能で
あるのも
末っ子で一人娘の
私を海外へ
出させてくれ
ずっと支えて
くれた両親と
この良法を
教えて下さった
松本先生
あっての事です
浄波良法を
体得出来た
事を
心の底から
感謝して
います
次の方
どうぞ

■監修
松本光平（まつもと　こうへい）

1967年、北海道に生まれる。

1988年、曹洞宗大本山永平寺別院における２年間の僧侶修行を終え、僧侶２等教師取得。その後、日本気功整体学校、ヘクセンシュス神経専門大学校、MRT中心学校を卒業。

15歳、22歳、26歳のとき、宇宙円光波動に遭遇し、それ以来数々の霊的体験をする。それらを元に、独自の方法で波動良法（現在の浄波良法）を開発。

1993年、北海道自坊寺の副住職に就任し、波動良法（現在の浄波良法）院を開業。

1996年、高知県土佐清水市にあるＴ病院に勤務。

2007年、社会文化功労賞・菊華勲章を受賞。自ら開発した波動良法を「浄波良法」と改名。

2009年　世界平和医学功労賞受賞。国連顕彰を受賞。

現在、浄波良法を主宰し、全国各地で良法普及のために施術者の育成にも力を注いでいる。

著書に「波動良法で自然治癒力を引き出す」（たま出版）「浄波良法」（たま出版）。「マンガで見る浄波良法」（たま出版）

■画
金子美由起（かねこ　みゆき）
1964年東京都に生まれる。
1985年、横浜美術短期大学を卒業。
エドガー・ケイシー研究の第一人者ヘンリー・リード氏原作の漫画作品の製作ほか、作品に「超カンタン癒しの手」（たま出版）、「コミック　幸せな宝地図であなたの夢がかなう」（ゴマブックス）を手がける。ともに原作・望月俊孝先生。
ホームページ　http://www.k5.dion.ne.jp/~miyukim/
連絡先　tanpopo@s6.dion.ne.jp

■浄波良法の連絡先〈http://johha.com〉

【JOHHA札幌】
札幌市中央区南14条西8丁目　クリオ行啓参番館1F
電話番号　011－511－1178（完全予約制）

【JOHHA日立】
茨城県日立市東滑川町1－3－1
電話番号　0294－24－0776（完全予約制）

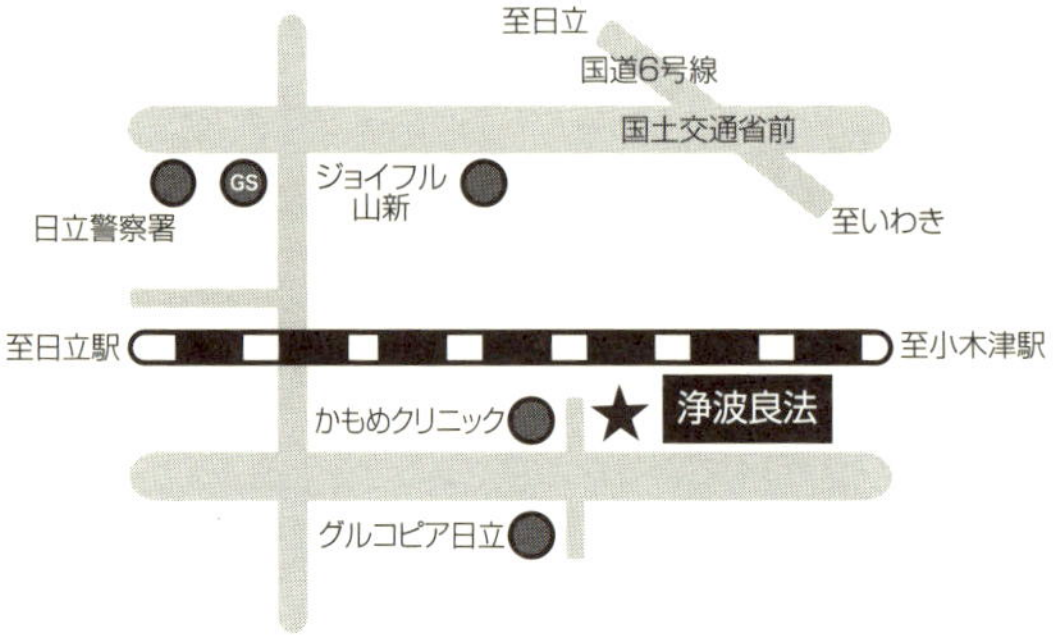

【JOHHA東京】
東京都墨田区千歳3丁目6－5　LUNERS BLDG1F
電話番号　03－5624－0375（完全予約制）

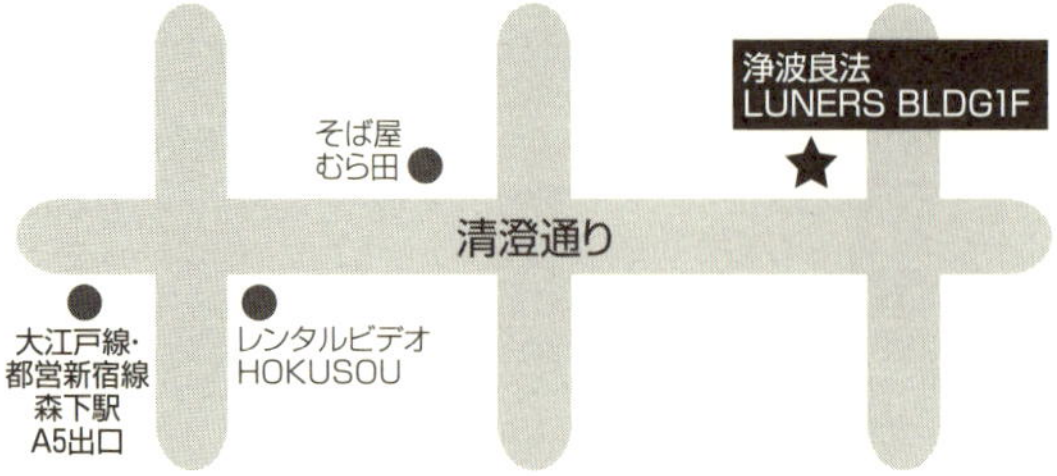

※JOHHA神戸（☎078－341－2444）は、毎月2日間の施術となりますので、
日時等をお問い合わせ下さい。

全国JOHHAセーバーステーション
（浄波セーバーでの良法が受けられます）

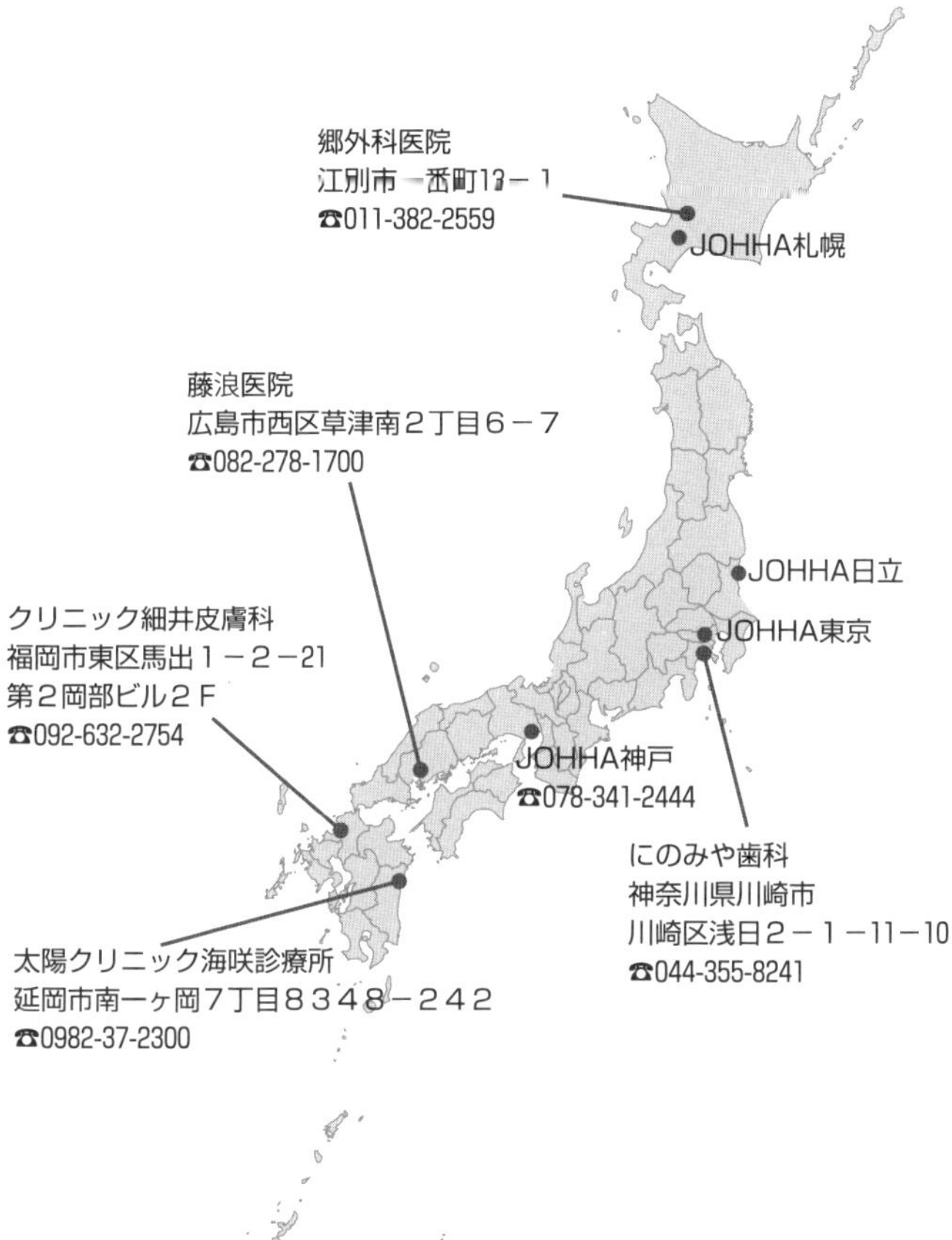

浄波良法をより広く認識して活用していただくために
スクールを設けています。個人はもちろん、人のために浄波良法
を施療してあげたい方はぜひお問い合わせ下さい。
☆スクールまたはセーバーに関するお問い合わせ
☎03－6240－2272

自然治癒力が病気を治す

初　版　　第1刷発行　2010年2月8日

監　修　　松本 光平
発行者　　韮澤 潤一郎
発行所　　株式会社たま出版
〒160-0004 東京都新宿区四谷4-28-20
TEL.03-5369-3051（代）
http://tamabook.com
振　替　　00130-5-94804
印刷所　　図書印刷株式会社

Printed in Japan
ISBN978-4-8127-0288-8　C0011